取締役物語

花と嵐の一年

第2版

中島 茂 著
Nakajima Shigeru

中央経済社

第2版の刊行にあたって

本書の第1版は２０１２年に出版され、幸い多くの方々に手に取っていただけました。その後、２０１４年、２０１９年と会社法改正が行われ、社会の側からＣＳＲやＳＤＧｓを求める声が高まり、企業の側もこれに応えてＥＳＧ経営に向けて動き出すなど、企業経営のあり方も変化してきました。またＭ＆Ａの増加に伴い、株主総会や株主のあり方についての活発な議論も起きています。加えてＷｅｂ会議の広まりから「オンライン総会」の提案もなされています。

これらの動きに合わせるため、また、さらに各ストーリーもより深みを増すために、第2版を作成しました。今回も中央経済社の阪井あゆみさんに終始、サポートをいただきました。

２０２２年3月

中島　茂

はじめに

本書は取締役として選任された方のために、その「義務と責任」に関して絶対に押さえておいていただきたい事柄、いわば取締役の「必須科目」を、わかりやすくコンパクトに説明したものです。

本書の最大の特色は「物語仕立て」としたことです。

昨日まで営業一筋で、法律とは縁の薄かった「花戸嵐（はなとあらし）」という人物が主人公です。花戸取締役は、1年の任期のあいだに「大株主の問題提起への回答」「M&Aの決断」「商品リコールの実行」「反社会的勢力との対決」「グループ役員の不正問題解決」「代表訴訟への対応」「会計処理の決断」と、次々と降りかかってくるさまざまな試練に立ち向かっていきます。

その試練のなかで花戸氏は、「善管注意義務」「忠実義務」「安全確保義務」「コーポレート・ガバナンス」「コンプライアンス」「代表訴訟」「会計に関する説明責任」など、取締役の必須科目を一つ一つ学んでゆくのです。

このように物語仕立てとした理由は、読者の方に興味をもってお読みいただけると考えたからです。

「取締役の義務と責任」を解説した本はたくさん出版されていますが、法律解説書としての性質上、「法律の目的」「問題点と判例」「実務上の注意」などと、淡々と解説するスタイルにならざるをえず、面白く一気に読める本は少ないのが実情です。こうした形式の本は何かトラブルが生じて問題意識を持って参考にするために読むときはよいのですが、「取締役の実像」を知ろうとして全体を読み通すのは大変です。

そこで、どの会社でも起きそうなリアルなケースを設定して、ある取締役が実際に問題解決に奔走する「物語仕立て」の本にすれば、読者の方が登場人物に思わず肩入れをすることで、興味深く全体をお読みになれるのではないか。そのことにより、「取締役の実像」をご理解いただけるのではないか。これが物語仕立てとした理由です。

花戸取締役が所属する会社は一応、「製菓会社」としてはいますが、それは親しみを感じていただきやすい会社として設定したということであり、本書の内容はどの業界のどの業態の会社の取締役にとっても参考にしていただけるものになっています。

実際に本書の作成を進める過程で、取締役の義務と責任をリアルにご理解いただくためには、物語仕立てこそがふさわしい形式だと確信するようになりました。

たとえば、「商品リコール」1つを例にとっても、取締役の周囲には、懸命に開発製造した製造担当者、営業活動に走り回っている販売担当者、商品事故にかこつけて不当要求をしてくる反社会的勢力に備える総務担当者、リコール費用をどう処理するかを悩んでいる財務会計担当者と、多くの関係者がいます。それぞれが切実な願いと思いをもっています。

そうした人々のなかにあって取締役は、「消費者保護」という大きな目的に向かって会社のとるべき方向性を決めなければなりません。

このような状況は「善管注意義務はかくあるべし」とか「安全確保義務を優先すべし」といった言葉と解説だけでは、到底、表し切れません。多くの利害関係者が登場する「ドラマ」のなかでこそ、取締役の「善管注意義務」を生き生きと語ることができます。このことに気づいたとき、本書を物語仕立てとしたことに大きな意義があったと、改めて自信を持つことができました。

とはいえ、「物語」を書くことは大変な作業であり、途中で何度も普通の解説書に戻そうかと思ったこともありました。そうしたとき、中央経済社の阪井あゆみさんに「花戸嵐さんのファンになりました。物語を続けてください」と励まされました。また、熱心なスタッフや公認会計士をしている友人など何人もの人々に助けられ、なんとか本書を書き上げることができました。

本書が多少なりとも読みやすくなっているとしたら、それはすべて、支援をしてくださった方々のお力によるものです。心からお礼を申し上げます。

2012年6月

中島　茂

目次

エピローグ 明日に向かって

主な登場人物

花戸　嵐　ソフィア製菓　取締役営業本部長
智田　聡　ソフィア製菓　代表取締役社長
渡辺　誠　ソフィア製菓　専務取締役管理本部長
佐藤　修　ソフィア製菓　常務取締役財務本部長
田中　隆　ソフィア製菓　取締役生産本部長
伊藤　徹　ソフィア製菓　社外取締役
山本　久美子　ソフィア製菓　社外取締役
中村　豊　ソフィア製菓　常勤監査役

小林　浩　　ソフィア製菓　社外監査役
斉藤　進　　ソフィア製菓　社外監査役
遠藤　哲也　ソフィア製菓　総務部長
井上　誠　　ソフィア製菓　法務部長
橋本　広　　ソフィア製菓　広報部長

佐々木秀雄　ソフィア製菓　顧問弁護士
風間　賢治　花戸の大学時代からの友人。弁護士

※本書では、会社法については条文番号のみを表記し、会社法施行規則については「施行規則」と略称を用いています。

※本書では裁判年月日は西暦で記載し、2021年1月1日を「21・1・1」と表記しています。

第1話　新任取締役・花戸嵐誕生

——取締役とは

1　内示は雪の朝に

1月も中旬となった寒い朝、「ソフィア製菓株式会社」の営業本部長、**花戸嵐**（はなとあらし）は営業会議の準備のため、いつもより早めに出社した。

未明から降り始めた雪が舗道を薄く覆っている。花戸はソフィア製菓の営業を引っ張る強力エンジンだ。周囲の人々は花戸のエネルギッシュな働きぶりを見て、また名前からの連想もあり、「営業の嵐」と呼んでいる。その花戸も昨年来、クリスマス商戦、バレンタイン商戦の態勢づくりと休みなく走り回って来たためか、軽い疲労感を覚えていた。

花戸が本部長席に座るとすぐに**渡辺誠**（わたなべまこと）専務から「ちょっと部屋に来ていただけますか」と

内線電話が入った。〝朝一番で専務のお呼びとは……何か重大なことでも起きたのか?〟と少々不安に思いながら、花戸は専務室に向かう。

ソフィア製菓は、F県に本店を構える創業50年の製菓会社で、売上は業界でベストテンに入っている。ビスケットやクッキーを主力とする菓子メーカーだが、最近はチョコレート類にも力を注いでいる。資本金は6億円、売上高は例年800億円前後である。中央証券取引所のスタンダード市場に株式を上場しており、株主数は5千人を超える。従業員は約2000人。「**おいしい笑顔、豊かな心**」という経営理念は創業以来変わらない。

ソフィア製菓の役員は、取締役6名と監査役3名で構成されている。

代表取締役社長の**智田聡**（ともださとし）は入社後一貫して管理部門でキャリアを積み、5年前に代表取締役社長の座についた。名前のとおり「知恵と熟慮の人」であり、もの静かではあるがその信念はぶれたことがない。智田は社長に就任して以来、一貫して「コーポレートガバナンスの強化」を目指してきた。3年前に定款を変更して、法律上は原則2年とされている取締役の任期を1年としたのも、その信念の表れだ。「取締役は株主さんから信任をいただいた1年間、全力で奮闘し、1年後に改めて株主さんに選任してもらう。そのことで新鮮な緊張感を保つべきだ」というのが口癖だ。

専務取締役の**渡辺**は管理本部長を兼務している。幅広い知識とバランス感覚にすぐれ、社内の信頼を集めている。常務取締役の**佐藤修**（さとうおさむ）は財務本部長を兼務している。財務、会計のエキスパートで、常に冷静な姿勢を崩さない。生産本部長兼務の**田中隆**（たなかたかし）取締役は、「研究の鬼」と呼ばれ、四六時中、新製品の開発と技術の工夫に余念がない。

社外取締役の**伊藤徹**（いとうとおる）はＦ県に本店を置く五代銀行の元役員である。銀行を退職してから４年ほど経済団体の相談役などをしていたところを、前々からその仕事ぶりを称賛していた智田社長が「ぜひに！」と口説き落として社外取締役に就任してもらった。同じく社外取締役の**山本久美子**（やまもとくみこ）は私立東都大学社会学部の教授で、消費者問題を専門としている。「消費者の感性が企業を磨く」が持論で、智田社長はその姿勢を高く評価している。

常勤監査役の**中村豊**（なかむらゆたか）は、財務部に長く勤めたあと常勤監査役に就任した。真面目な勉強家として知られ、いつも法律、経済の専門誌を丹念に読んではノートを作っている。非常勤の社外監査役である**小林浩**（こばやしひろし）は私立東西大学の経営学部教授、同じく非常勤社外監査役の**斉藤進**（さいとうすすむ）は公認会計士である。伊藤・山本両取締役と小林・斉藤両監査役は証券取引所に「独立役員」として届け出がなされている。「独立役員」とは一般株主と利益相反が生じるおそれの

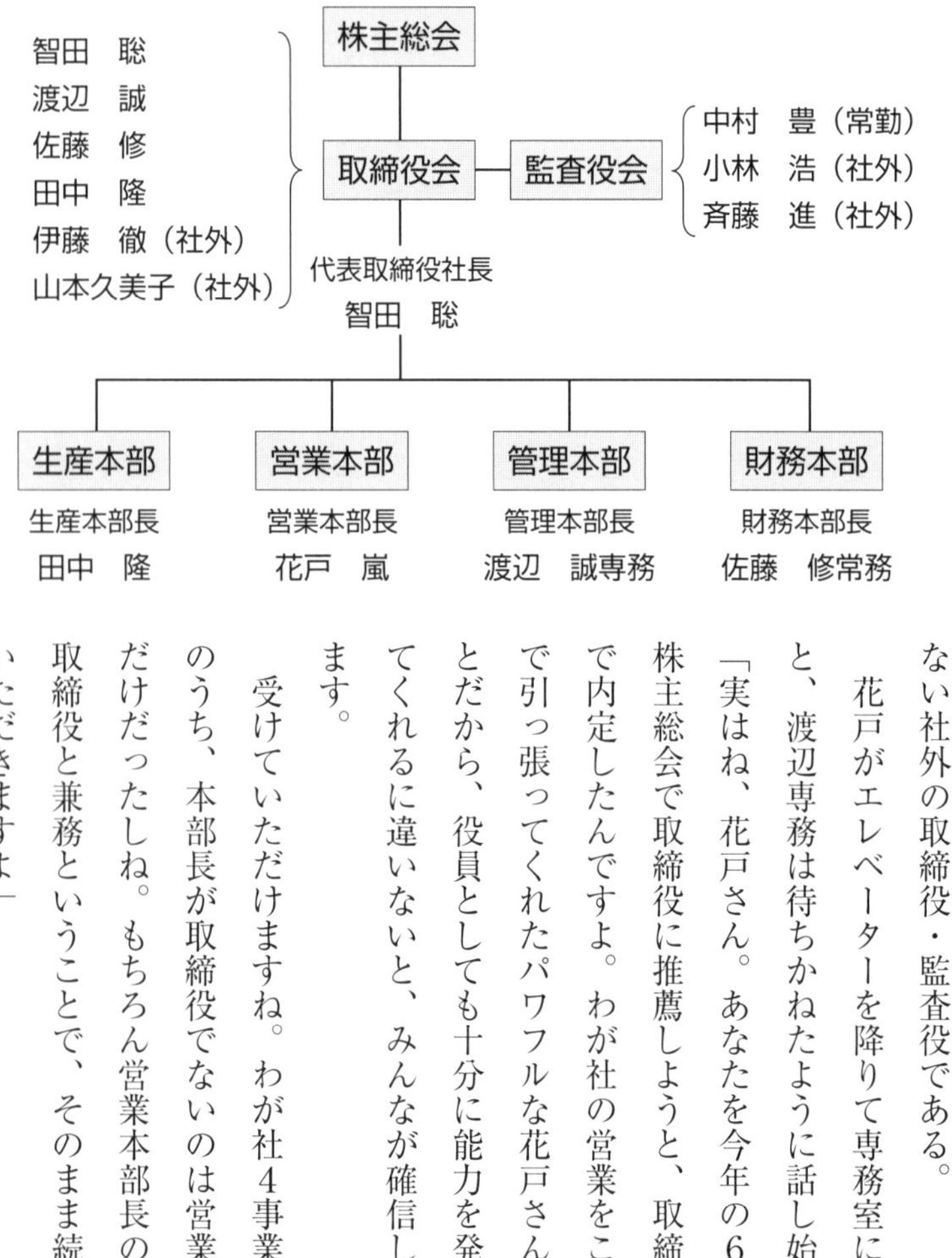

ない社外の取締役・監査役である。

花戸がエレベーターを降りて専務室に入ると、渡辺専務は待ちかねたように話し始めた。

「実はね、花戸さん。あなたを今年の6月の株主総会で取締役に推薦しようと、取締役会で内定したんですよ。わが社の営業をここまで引っ張ってくれたパワフルな花戸さんのことだから、役員としても十分に能力を発揮してくれるに違いないと、みんなが確信しています。

受けていただけますね。わが社4事業本部のうち、本部長が取締役でないのは営業本部だけだったしね。もちろん営業本部長の職は取締役と兼務ということで、そのまま続けていただきますよ」

専務はそこまで一気に話すと、一息ついた。

花戸は聞いた瞬間、身体が熱くなった。

入社以来、「営業の嵐」と呼ばれながら、わき目もふらず今日まで仕事に全力を注いできた、その努力が認められたということかもしれない。「営業本部長」として何の不満もなく業務に勤しんできた花戸ではあったが、やはり「取締役」という肩書きは名状しがたいインパクトがあった。奇しくも、今日は花戸の50回目の誕生日である。早く妻や２人の子供にも伝えたい。昨年亡くなった父の墓前にも報告しなければ……さまざまな思いが一瞬にして花戸の胸中を駆けめぐった。

「ありがとうございます。謹んでお受けいたします」

と花戸は感情を抑えながら答えた。

「おお、お受けいただけますか！　ありがたい。これで花戸さんとは『ボード』の同僚として議論し合えることになりますね」

専務は微笑んだ。ボードとは会議テーブルのことで、役員会を意味する。

「ただね……」と専務はやや間を置いてから付け加えた。

「自分自身、役員をやっていてつくづく思うんですが、役員と従業員とはまったく別のものですからね。役員は従業員の延長線ではないんですよ。その点、よくご理解いただいて、しっかりと役員になるための心の準備をしておいてください。

役員の誓約書や契約書、それに保険に関する説明など、細かいことは総務が説明に行きますから」

専務の声を後に部屋を出た花戸は、「役員と従業員とはまったく別のもの」という、今聞いたばかりの言葉を何度も反芻していた。取締役になる！　という感激と同時になんとなく不安な気持ちもこみ上げてきた。

〝役員と従業員。同じ会社に勤めていて、どこがどう違うんだ？〟

花戸の心のなかで不安な気持がだんだんとこみ上げてきた。

〝これは風間に聞いてみなければ……〟

風間賢治（かざまけんじ）は花戸と大学の同級生で、一緒にロックバンドを組んでいた仲である。今も時々風間と酒を酌み交わすのが花戸の楽しみの1つだ。風間は弁護士として活躍していて、町の人たちの信頼を集めている。

2 取締役と従業員の違い ——風間弁護士の話

契約タイプの違い

「そりゃ、役員と従業員とでは、法律上はまったく立場が違うよ。会社と結んでいる契約のタイプがまったく違う。法律上、『役員』というのは取締役と監査役、それに経営者と共同で計算書類などを作る会計参与のことだ」

風間は2人が行きつけのおでん屋「澄(すみ)っこ」のテーブルに着くと、おでん盛り合わせの湯気の向こう側で杯を傾けながら語り始めた。

「澄っこ」はおでんと日本酒が売り物の、気の置けない飲み屋だ。浅草雷門の仁王様みたいな親父さんと、お手伝いの可愛い亜美ちゃんが絶妙のコントラストをなしている。「澄っこ」という屋号のいわれは、路地の隅にあるからとか、おでんの出し汁が澄んでいるからとか、親父さんの初恋の人が澄子さんだったからとか諸説あり、本当のところはわからない。風間は亜美ちゃんの笑顔がよほどお気に入りらしく、彼女が注文を取りに来るといつも宝くじでも当たったかのような満面の笑みを浮かべる。

「契約タイプが違うと言われてもなあ、よくわからないよ。俺は経済学部だし……」

花戸は愚痴をこぼすように言った。

「まず、従業員は会社との間で『**労働契約**』というのを結んでいる。労働契約というのは、労働者がひたすら使用者の指揮・命令どおりに働いて賃金をもらうことを基本とする契約だ。会社関係で言えば、会社が使用者、従業員が労働者というわけだ」

と風間は話し出した。

「だから会社と従業員とは明確な上下関係ということになる。従業員は指示に従って働くだけの相対的に弱い存在だというわけ。だから労働基準法、労働契約法などの法律で保護されている。

これに対して、取締役、監査役、会計参与など、法律で定められている『**役員**』は、みな会社との間で『**委任契約**』を締結している。これは労働契約とはまったく違う！」

「なに、イニン契約？　なんだ、それは」

「委任契約というのは、委任者が、その道の専門家『**プロフェッショナル**』にものごとの処理を頼む契約だよ。患者が『医師』という医療の専門家に治療を頼むのが委任契約の典型だ。依頼者が『弁護士』という法律の専門家に法的な検討や対応を頼むのも委任契約だ。

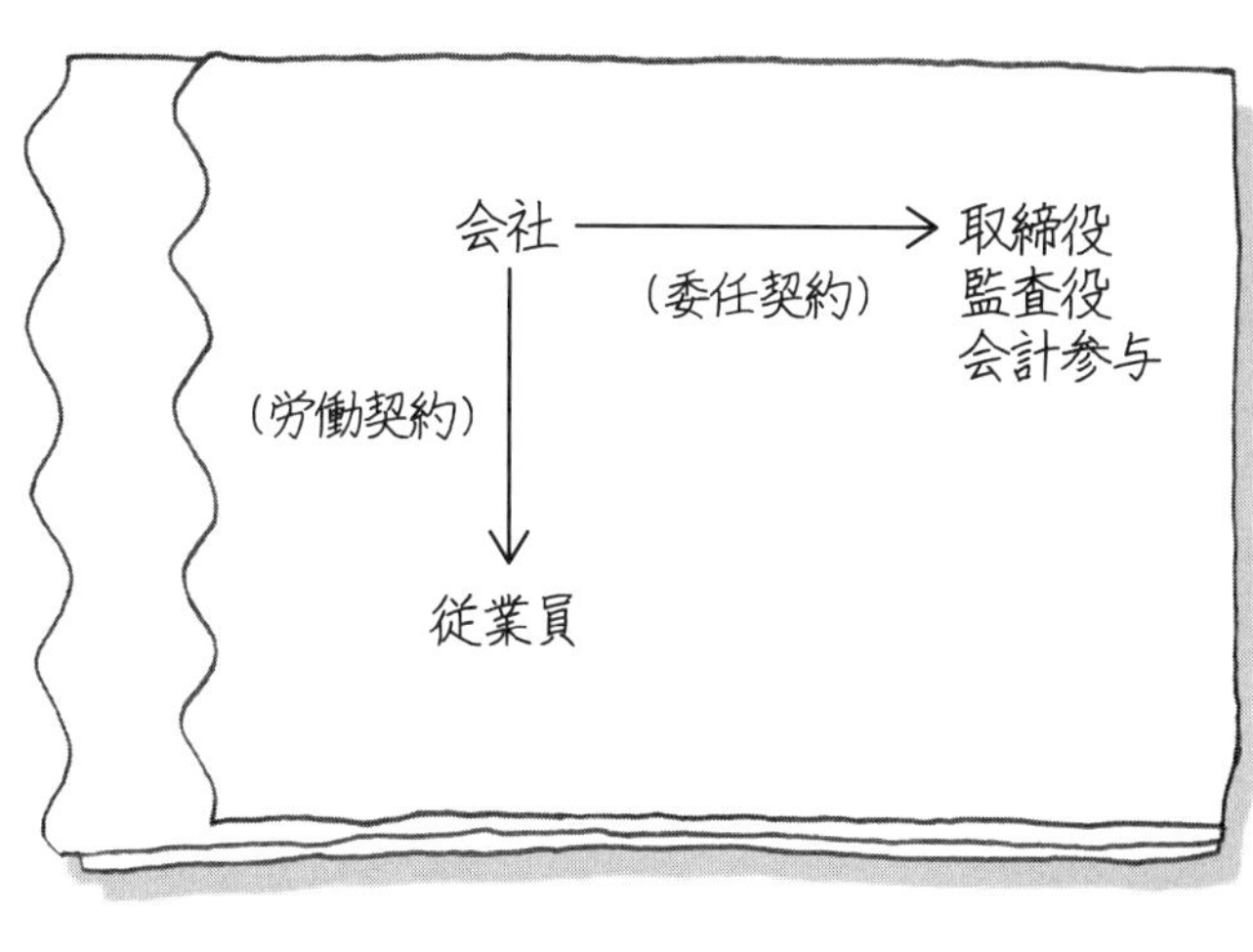

委任者から委任を受けたプロは『受任者』として、独立の立場で専門的な判断をして、業務を進めるのだ。委任者の指揮や命令で動くわけではない。まあ、委任者と受任者は、対等平等の関係と言えるな」

と言いながら、風間はテーブルの上の紙ナプキンに図を描いた。

図を描き終わった風間は、大きなコンニャクを無造作に口に入れて「アヂッ」と悲鳴を上げた。

あまりプロフェッショナルらしくない風情だなあと思いながら、花戸は、

「医者や弁護士がプロっていうのはわかるが、俺なんか、営業一筋30年だよ。営業のプロにはどうやらなれたかもしれない。それなりに自信もついた。だが、それ以外には何のプロでもない……それがどうして委任を受けるようなプロになるのだ。いったい、

取締役は何のプロなんだ？」と風間に聞き返した。

「決まっているじゃないか。**取締役は『経営のプロ』**だよ！」

風間はズバリと言った。あとあと考えると、風間がくれたアドバイスのなかで、この一言が一番重いものであった。

「経営のプロとして足りないところは、これから勉強するのさ。**財務、会計、法務、経済一般**。それに最近では**『コンプライアンス』『リスク管理』**から**『CSR』『SDGs』**など社会的な責任までが取締役の『必須科目』になっている。学ぶことは山のようにある。なんと楽しいことじゃないか！」

「取締役になるって、そんなに大変なことなのか。やれるかな、俺に……」

「なんだよ、バンドでリードボーカルをやっていたお前らしくもない。取締役を受ける以上、明るく、楽しく、そしてガンガン勉強してバリバリと任務を果たすぞ！　と。そのくらいの気概を持てよ」

風間は、学生時代にバンドリーダーとしてドラムを叩いていたころの姿を彷彿とさせる、力強い口調で花戸を励ました。

取締役の「善管注意義務」

「とは言っても……」

と風間は少し表情を引き締めて話を続けた。

「確かに厳しい面はある。一番大切なことを言っておくよ。それは、役員は『**善管注意義務**』という重い義務を背負っているということだ。この義務に反するような不注意があって会社に損害が出たときは、個人として会社に対して損害賠償をしなければならないのだ。**個人責任**だよ、個人責任！　この点で取締役は従業員とまったく違う。従業員が会社から個人責任を追及されるなんてことは、まずないからね」

「イニンのあとはゼンカンチュウイギムか？　また、わからなくなりそうだ」

「意味は難しくはないさ。医師であれ、弁護士であれ、およそ『専門家』と呼ばれるプロは、いったん仕事を引き受けたらプロフェッショナルの良心と誇りにかけて、プロなら当然に求められる注意を払って委任者のためになるよう、一生懸命に仕事をする、それだけのことだ。このことを法律は『善良な管理者の注意義務』と言っている。『善良な』というのは『誠実な』という意味で、『プロの水準に照らして恥ずかしくない注意を払う誠実さ』ということだ。これを略して『善管注意義務』というのだ。意味内容はきわめて明快だ。実行するのは大変だけれど」

❖医師の善管注意義務

「プロの代表例である医師の責任について話そうか」と風間は言葉を継いだ。

「有名な事例で『五十肩事件』というのがある。ある中年男性が会社で仕事の打ち合わせ中、左肩に激痛を覚えて救急車で病院に運ばれた。医師はX線検査などをした結果、『五十肩』だと診断し、局所麻酔薬を注射し、痛み止めや炎症をとめる薬などを処方して男性を自宅に帰らせたのだよ。ところが、男性は帰宅後、真夜中に突然『うっ』とうなって目覚めたかと思うと意識を失った。すぐに救急車で別の病院に運ばれたが、まもなく亡くなってしまった。死因は『心筋梗塞』であることが後になって判明した。そこで男性の遺族が、『担当医師が心筋梗塞を五十肩だと診断したのは誤診であり、医師としての善管注意義務に反する』として、医師が院長を務める病院を訴えたのだよ」

「どうなったんだ？」

「裁判所は、医師に善管注意義務違反があったと判断して、病院は遺族に７８００万円を支払えという判決を出した。その理由は、心筋梗塞の患者は胸のあたりの激痛を訴えることが多いが、肩の痛みを訴えることもある。だから、医師としては心筋梗塞の可能性もあると考えて心電図をとるべきだった。そうすれば不整脈などを見つけることができ、適切な対応ができたはずであり、心電図をとらなかったのは医師としての善管注意義務違反だというのだ」（「五十肩事件」東京地裁01・９・20判決）

「心電図をとらなかっただけで７８００万円か？　ずいぶん厳しいものだなあ」

「それがプロの世界の厳しさだ。医師が善管注意義務違反を問われる裁判を『医療過誤訴訟』と呼んでいるが、年間１５００件くらい、審理されているそうだ」

「それじゃ、医師だって万一のときの賠償金のことを考えると、おちおち仕事もできないじゃないか」

「そのために、ちゃんと『医師賠償責任保険』というのがある」

「よくできたものだなあ。医者がそんなに大変だとは知らなかったよ」

花戸は「プロ」という立場の厳しさが少しわかってきた。

❖弁護士の善管注意義務

「われわれ弁護士も同様だよ」と風間は酒を注文してから続けた。

「俺なんか、弁護士になったときから『個人責任』という言葉が頭から離れなくなった。弁護士になって初めての仕事で、和解金の600万円を小切手で預かって依頼者に届けに行ったときは、途中の電車の中で、『今もしこの小切手をなくしたら、自分個人で償うのだなあ……』とこわくなったものだ。当時は自分の金をどうかき集めても600万円なんてお金はなかったからね。

それに弁護士の仕事をしていると、責任問題になりそうな場面は少なくないのだ。たとえば、うっかり『控訴期間』を過ぎてしまうなんていうのは、あるかもしれない。人は判決に不服があるときは上の裁判所に控訴することができる。民事事件では**判決書**の送達を受けてから2週間以内に、刑事事件では判決を言い渡されてから14日以内に控訴しなければならない。これを『控訴期間』というのだが、法律は厳格で、これを過ぎてしまったらアウトなのだ。

実例もある。建物の賃借人が家主から明け渡せと訴えられた事件で、賃借人敗訴の判決が出たのだ。ところが、その直後に賃借人の弁護士の父親が亡くなったのだよ。それで弁護士は帰郷して遺産整理をしていたのだが、その間に弁護士の事務所に判決書が送られてきて2週間のカウントダウンが始まっていたのだ。弁護士は控訴期間ギリギリに事務所に戻ったが、結局、控訴はできなかった。弁護士は賃借人から『控訴すれば勝てたはずだ』と訴えられた。これに対して裁判所は、弁護士は不在になるなら委任者と連絡がとれるように適切な処置をとっておくべきで、それが受任者たる弁護士としての『委任契約上の義務である』と指摘して、弁護士に賃借人に慰謝料を支払うように命じた（東京地裁71・6・29判決）。こうした判決を読んでいると身につまされるよ」

言いながら風間は杯をぐいっと飲み干した。

「そういうミスがあると、弁護士も依頼者に賠償することになるのか？」

思わず花戸は聞いた。

「もちろんだ。医療過誤訴訟と同じように、『弁護過誤訴訟』と呼ばれている。最近は少しずつだが裁判も増えているらしい」

「ということは、弁護士の場合も保険がある？」

「おう！　わかってきたな。そのとおり。『弁護士賠償責任保険』が用意されている」

❖ 取締役の善管注意義務

「で、取締役も同じような個人責任を委任者である会社に対して負っている、と言いたいのだな。やっとわかってきた」

と花戸はため息をつきながら言った。

「そう先走るなよと言いたいが、そのとおりだ。取締役は会社に対して善管注意義務を負う立場だ。だから、取締役としての判断や活動にミスがあり、その結果、会社に損害が生じたら個人として会社に対して損害賠償をしなければならない。『医療過誤』や『弁護過誤』になぞらえれば、『経営過誤』ということになるな。

たとえば、銀行の事例で『リゾート追加融資事件』というのがある。融資先が『会員制リゾートマンション事業』を試みたものの、うまく会員が集まらない。そこで今度は、『リゾートマンション』を『リゾートホテル』に切り替えて事業継続するので追加融資してほしい、との申込みを受けた。いろいろと検討した結果、銀行の専務取締役は『ホテル事業に採算性あり』と経営上の判断をして70億円以上を追加融資したのだ。ところがそのホテル事業もうまくいかず、結局、融資先は倒産してしまう。

そのケースで、銀行の専務取締役は訴えられて銀行に1億円支払うように命じられている

（「リゾートホテル追加融資事件」東京地裁02・4・25判決）。『マンションはホテルにはならない』というのが裁判所の理由だ」

「微妙なものだなあ。なんか、だんだん緊張してきたよ。それで、取締役にも保険はあるの？」

「『D&O保険』というのがある。『ディレクター&オフィサー保険』『役員賠償責任保険』というのが正確な名称だ。賠償金や弁護費用などをカバーできる保険だ。いずれ会社から説明があると思うよ」

「イニンで、ゼンカンチュウイギムで、個人責任で、保険か……」

つぶやきながら、花戸は気持ちが沈んでいくのを覚えた。「花の営業本部長」のままでいたほうがずっとよいのではないか……。

❖ 訴えられる取締役

「でも、会社が役員を訴えるなんてことは、実際はないんだろう？『会社』と言ったって、取締役会の中身は同じ役員同士。いわば身内じゃないか」

「それが、そうでもない。最近は会社が自社の役員を訴えるケースが増えている。大きく報道された企業不祥事などでは必ずと言ってよいほど会社は役員を提訴している。社会が『会社』という存在に厳しい目を向けるようになっているからね、会社も訴えないわけにはいかない。

それと、脅かすようだが、医師や弁護士と違って役員の場合は『責任追及訴訟』、一般的には**『株主代表訴訟』**と言うけれどね、そういう特別の制度がある。会社が、まさに花戸が言うように『身内意識』で役員を訴えないときに、株主が立ち上がって、会社に代わって役員を訴える制度だ。年間70件くらいはある」

「ああ、聞いたことがあるよ。株主が役員を訴えるのだろう?」

花戸はますます沈み込んでゆく。

「ま、そう心配するな。会社が役員をバックアップできる法的制度も用意されている。取締役会の承認決議があればD&O保険の保険料を会社が負担できる制度とか、**『補償契約』**とかね」

「その補償契約というのは、どういうもの?」と花戸が急いで聞くと、風間は花戸に酒を注ぎながら、

「それは今後、会社からその話が出たときに話そう。

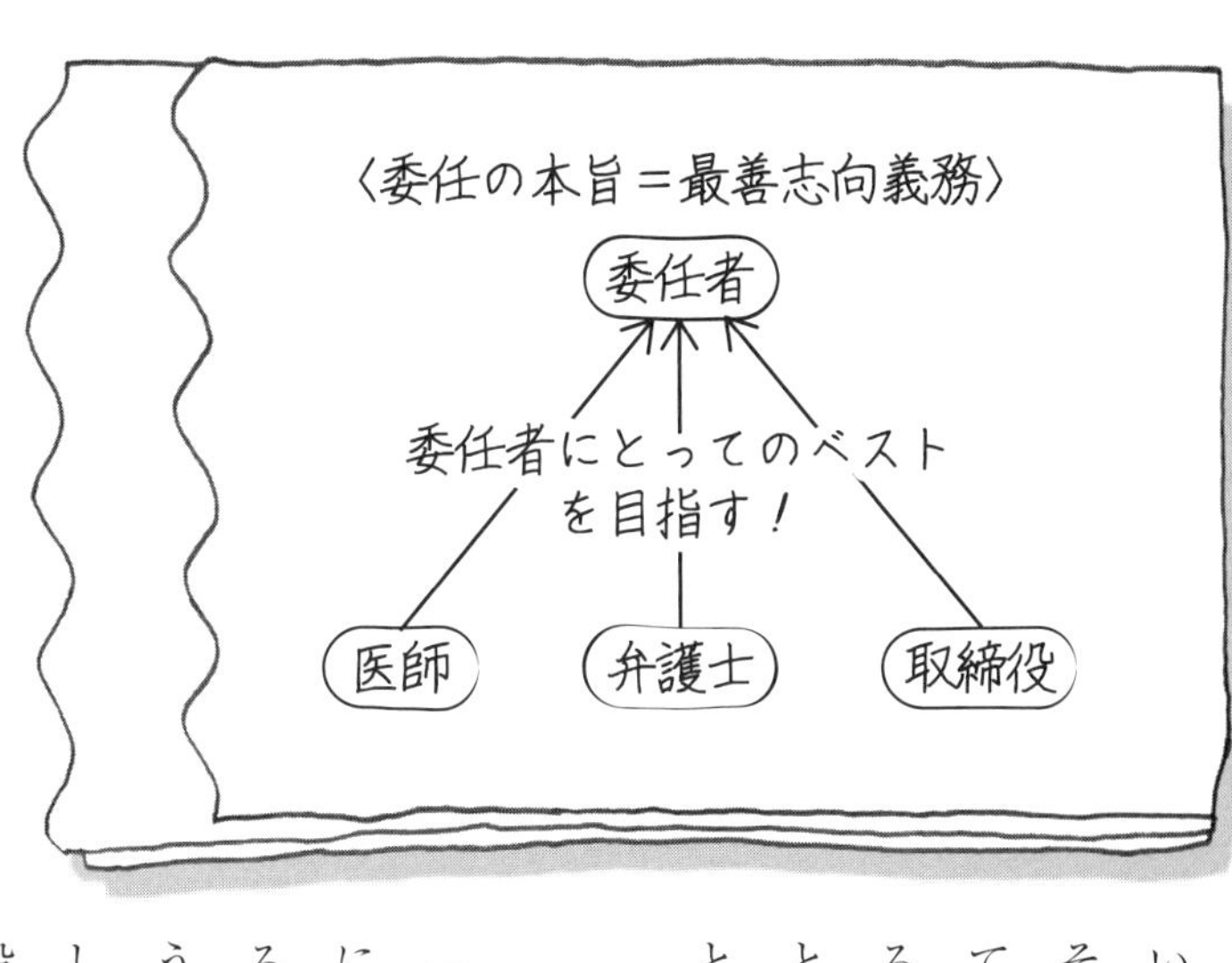

今まで話したことは、うかうかしているとそういう事態もあるぞ、と忠告の意味で言ったことだ。そのような事態にならないためには、取締役として守るべきいくつかの基本原則をきちんと実行すること。それこそが花戸が歩むべき取締役の道だと思う」

と花戸の質問にかまわず、話を進める。

❖「委任の本旨」

「基本原則については、いずれ花戸が実際に課題にぶつかったときに、その都度、具体的に説明するよ。いま抽象的な話をしてもわかりにくいだろう。今日は**委任の『根本精神』**についてだけを話しておくよ。それはね、医師も、弁護士も、取締役も、**『委任の本旨』**に従って業務を遂行しなければならないということだ。受任者は、委任者本人にとって『本当の意味でベスト』となる方向を常に目指す義務を背負っているということだよ。たった今、俺が発明した言葉だが、『**最善志向義務**』とでも言うか。図にすると、こうだ」

風間はまた手元にあった紙ナプキンに図を描いた。

「『ホンシ』って、あの『真の目的』という意味の『本旨』か？　また難しい言葉が出てきたなあ……」

「法律の条文にちゃんとそう書いてあるんだよ。俺が尊敬するある法律学者は、『委任の本旨に従うとは、委任契約の目的に応じて最も合理的に処理すること』だと説明している（我妻榮『債権各論　中巻二』（岩波書店、1962年）670頁）」

風間は花戸にかまわずに続けた。かなり本気になってきたらしい。

「医師の場合について話すよ。『医師は患者の最善を期して患者に対応すべき立場にある』のだ（『医療過誤判例百選（別冊ジュリスト140号）』（有斐閣、第2版、1996年）より新美育文論文（11頁））。だから、医師として『この患者を救うには手術をするのが最善だ』と判断したのであれば、たとえ患者が『先生、手術はいやです。投薬だけで治してください』と言ったとしても、手術で期待できる改善の程度や手術しない場合のリスクを患者に十分説明して、手術に同意してもらえるように全力を挙げるべきなのだ」

「本当に医師というものは大変だなあ。弁護士もそんな場面があるのか」

「あるともさ。依頼者が感情的になって、『あんな奴、すぐにでも民事裁判にかけてください』と頼んできたとしても、裁判というルートに乗せることが本当に依頼者の利益になるのか疑問なときもある。人間関係や経済的なことなどを考えると、むしろ平穏に話し合って解決するほうが最善ではないかという場合だ。そういうときは、『裁判はやめたほうがよいですよ、なんとか話し合いで解決しましょう』と、いろいろと説明して懸命に依頼者を説得するのだ。そうした場面は決して珍しくない」

❖取締役と「委任の本旨」

「取締役になったら、俺も取締役として同じような場面にぶつかることがあると言いたいのだな？」

花戸は風間の話が、「医師、弁護士、取締役」と順々に進んでいくことがわかってきた。いかにも弁護士らしい。

「ありうるよ。たとえば、お前の会社のお菓子で『不具合品』が出たとする。人の健康をそこなうおそれはないので、食品衛生法に違反する心配もない。ただ、見た目が悪いというだけなのだ。おこげが入ってしまったとかね。会社としては『法令違反もないし、健康危害のおそれもないから製品回収、つまりリコールの必要はない』と言っている。花戸ならどうする？」

「断固、回収する！　お菓子はお客様においしさばかりではなく、夢もお届けするものなのだ。見た目が悪かったら夢も消えてしまう。第一、『ソフィア』というブランドに傷がつく」

「確かに。花戸ならそう答えると思ったよ！　花戸は、それが会社にとって本当の意味でのベストとなる方向だと信じるのだろう」

風間は嬉しそうにうなずくと、コップ酒を少し飲んだ。風間の杯はいつの間にかコップになっていた。

「その信念に従って、お前は取締役会で必死になって『ブランドを守るためにリコールしましょう』と、他の取締役を説得し、監査役の理解をも得るようにがんばるにちがいない。その努力こそが『委任の本旨』に従った取締役の仕事だよ。どうだ、医師の患者説得と、弁護士の依頼者説得と同じだろう！」

「なるほど。取締役は、医師、弁護士と同じ立場だということが少しずつわかってきた。一つわからないのは、今お前が言った『**会社**』というやつだ。『会社はリコールに反対している』と言っても、具体的には誰のことなんだ。取締役会の過半数が反対しているということなのか。それとも、社長が反対しているということなんだろうか？」

「すごいなあ、さすが営業で腕を振るってきたお前らしい、本質的な質問だ。でも、そろそろ心置きなく飲みたいから、結論だけ言うよ。『株式会社』というものは、なんといっても『株主』がオーナーなのだ。『会社から委任を受けた』と言ったが、それは形式的な意味で、本当の委任者は株式会社という入れ物の後ろにいる『株主』なのだよ。花戸が取締役になったあと、株主の存在の大きさについて正面から考えるときが来ると思う。そのときにまた話そうじゃないか。今日のところは、**『取締役は実質的には株主から経営を受任しているのだ』**と理解してくれれば最高だ。今日は、少ししゃべりすぎた」

と風間はテーブルのおでん皿に眼を落とし、〝ご講話打ち切り！　着陸態勢〟に入った。

「今夜は法律の話はこのくらいにして、飲もう。『花戸嵐取締役』の誕生を祝おうじゃないか。元バンドのメンバーとしてこんなに嬉しいことはない。もう一度乾杯しよう。おでんが冷めてしまう」

風間は楽しそうに笑った。その笑顔に感謝しながら杯を上げた花戸であったが、まさか大規模なリコールの話が本当に待ちかまえていようとは、このときは想像もしなかった。

第2話 取締役の背負うもの

——就任に向けて

1 就任承諾書

2月に入るとさっそく、総務部の和田直樹(わだなおき)から花戸に「事務的なことで本部長にいくつかの書類をお渡ししてご説明いたしたく、お時間がよろしければ第5会議室までお越しいただけますでしょうか」と改まった声で連絡があった。

花戸が会議室に入ると、待っていた和田はあいさつもそこそこに、「渡辺専務からお話があったと存じますが」と袋を開けて中の書類を取り出した。和田は余計なことは一切言わないが、事務手続きの確かさは社内でも定評がある。

「このたびは取締役の内示を受けられたとのこと、おめでとうございます。つきましては、

＊＊年＊＊月＊＊日

ソフィア製菓株式会社　御中

取締役就任承諾書

私は、＊＊年６月＊日開催の定時株主総会において、取締役に選任されたときは、その就任を承諾します。

住所

氏名　　　　　　　　　　　　　㊞

役員ご就任の準備として、いろいろとご説明や手続きがございます。まずは、この『**取締役就任承諾書**』をお読みいただき、ご署名ご捺印をいただきたいと存じます」

和田が差し出したのは「取締役就任承諾書」とタイトルがついた書類だった。

「これは、株主総会で花戸本部長を取締役に選任する議案が可決されたときには、その就任をご承諾いただくという書類でございます。堅苦しく言えば『取締役委任契約』の受諾ということです」

おっ、これが、風間が言っていた「委任契約」というやつか。

「契約を結ぶ」というからには「取締役委任契約書」とかいう重々しい契約書でもあるのかと思っていたら、こういう形なのか……。

「あのう、総会で取締役選任の承認決議がなされますと、その瞬間、『決議』で示された株主さんたちの意向を受けて、会社が花戸本部長に取締役を委任する『申込み』をしたことになります。その『申込み』に対して本部長が『お受けいたします』という意向を表明されれば『申込み』と『承諾』がそろい、会社と本部長との間で『取締役委任契約』が成立したことになると、こういう理屈でございます」

和田は花戸がよく飲み込めていないと思ったのか、ていねいに説明してくれた。さすが手続きのプロだ。

「それはわかるけれど、私は株主総会の当日は、ちゃんと出席して自分の口で『謹んでお受けいたします。よろしくお願い申し上げます！』と言うつもりだよ。なんなら所信表明演説を一席ぶってもいい。それでも、この書類が必要なの？」

「あ、それはもちろん、ご出席いただいて承諾のご意向を直接に表明していただけると思っています。が、交通渋滞や急なご病気といった、万一の事態もありえますので、私ども総務としてはこうした書類をいただいておくほうが安心でございまして……」

「なるほど、安心のためか。総務らしい手堅いやり方だね。ではあとで署名捺印して後ほど和田さんに届けましょう」

花戸は就任承諾書の用紙を受け取った。用紙を手にすると、いよいよ取締役への第一歩が始まったのだと、実感が湧いてきた。

2　役員誓約書

「それから、総会で選任されたあとで、こちらの『**役員誓約書**』にもご署名・ご捺印をいただきたいと思いますので、書類にお目を通しておいてください」

和田は「役員誓約書」と書かれている書類を両手で花戸のほうに差し出した。

多くの事項が書かれているようだが、最初に「経営理念」が書かれている。花戸はわが意を得た気がした。おいしい製品をお客様にお届けすることで少しでも心を豊かにしていただく。そのことを通じて明るい社会づくりに貢献する！　すばらしい経営理念だ。

「役員誓約書とは、要するに取締役として善管注意義務を守って、まじめに仕事をすることを誓うということだね。それはよくわかるが、取締役として当然のことで、何もわざわざ誓約書を作る必要もないと思うけれどね」

花戸は「善管注意義務」という言葉をずっと昔から知っていたように使いこなしている自分がうれしくなった。風間のおかげだ。

「そのとおりでございますが、『形も大切に』ということで、ウチの会社では、以前からこうした誓約書をいただいております。確認のためにいただく、ということでご理解くださ

＊＊年＊＊月＊＊日

ソフィア製菓株式会社　御中

氏名　　　　　　　　㊞

役員誓約書（取締役用）

１（経営理念の実践）

私は、ソフィア製菓株式会社（以下、会社）の取締役として、会社の経営理念「おいしい笑顔、豊かな心」を実践し、お客様に奉仕し、会社の事業を発展させ、社会に貢献することを誓います。

２（基本事項）

私は、会社の取締役として、善良なる管理者の注意義務、および忠実義務に従い、誠実に業務を遂行いたします。

３（競業行為の避止）

私は、取締役会の承認を得ないかぎり、会社の事業に競合する行為は行いません。

４（利益相反取引の回避）

⑴　直接取引

私は、取締役会の承認を得ないかぎり、私個人が会社と取引することはしません。私が第三者の代理人や法人の代表者として会社と取引する場合も同様です。

⑵　間接取引

私以外の者と会社が行う取引で、私と会社の利益が相反する場合も、取締役会の承認がないかぎり行われないことを了解します。

５（秘密情報の非開示・流用禁止）

私は、会社の、技術上、営業上、人事上、経営政策上、その他の秘密情報を他に開示しません。また、これらの秘密情報を取締役としての業務以外の目的には使用しません。以上は私が取締役を退任した後も同様とします。

６（社会的信用の保護）

私は、会社の社会的信用を傷つける行為はしません。

７（重要情報の取扱）

私は、会社の株価に影響を与える可能性のある未開示情報を知ったときは、当該情報の開示前に、当該情報を利用して会社の株式を取引しません。また、開示前に当該情報を第三者に伝えず、会社の当該情報を利用した株取引を第三者に勧めません。

以上

い」

「わかった。よく読んでおくよ」

3　補償契約書

「ありがとうございます。次に……」と、和田は書類を取り出しながら淡々と自分の仕事を進める。

「これは『**補償契約書**』といいまして、会社が取締役や監査役、会計監査人の方々と結ぶことになっている契約の書式です。これは取締役用です。補償の対象は2つあります。

1つは、『**防御費用**』です。取締役が、誰かに法令違反があるのではないかと疑われたり、責任追及を受けたりしたとき、対応していくためには費用がかかります。弁護士報酬や調査費用などですが、その全部または一部を、会社が補償する契約です。

もう1つは、取締役が『**第三者に対する責任**』を果たすことによって生じる損失を補償するものです。取締役が業務を行う際に第三者に損害が生じたときは、その責任として賠償金や和解金を支払わなければなりません。その支払いで生じた損失の全部または一部を会社が補償するという契約です。

この書式もお読みいただき、ご就任後、ご署名、ご捺印をいただきます」

和田は補償契約書のひな型を差し出した。そういえば、風間が、〝補償契約とか、会社が役員をバックアップするための制度がある〟と言っていたなあと思い出しながら花戸は受け取った。

「それはありがたい契約だけれど、その『第三者に対する責任』とは、どういう意味？」

花戸は素朴に和田に聞く。知らないことはためらいなく尋ねる。花戸のすばらしいところだ。

「あのう、役員の業務遂行が原因となって第三者に損害が生じたとき、役員がその第三者に対して負担する賠償金や和解金のことだと聞いております……」

花戸は、〝なんだ、言葉をそのままくり返しただけじゃないか。そもそも『第三者』って誰のことなんだ？〟との疑問が湧きあがりながらも、真面目な和田に対してはそれ以上聞けなかった。花戸は〝これは風間に教えてもらわねば〟と、心に決めた。

「会社が補償してくれるというのだから取締役にとってはありがたい契約だけれど、株主さ

取締役の費用等に関する補償契約

ソフィア製菓株式会社を甲、取締役＿＿＿＿＿を乙として、甲の乙に対する補償について次のとおり合意する。本契約の内容については、＊＊年＊＊月＊＊日開催の取締役会において承認決議を受けている。

第１条（防御費用の補償）
甲は、乙に対して、乙がその職務を行うに関して、法令違反を疑われ、または責任追及にかかる請求を受け、これらに対処するため支出する費用（以下、防御費用。弁護士費用、調査費用、その他必要・合理的な費用）を補償する。ただし、通常要する費用額を超える部分は補償しない。

第２条（防御費用の返還）
甲は、乙に防御費用を補償した場合、乙が自分や第三者の不正な利益を図り、または甲に損害を加える目的でその職務を行ったことを知ったときは、乙に対して補償した金額の返還を請求することができる。

第３条（第三者に対する責任の履行による損失）
１　甲は、乙に対して、乙がその職務を行うに関して、第三者に生じた損害について賠償責任を負う場合、その責任の履行として、賠償金または和解金を支払うことによる乙の損失を補償する。ただし、甲が第三者に対して賠償すると、乙が会社に対して任務懈怠責任を負うことになる場合は、任務懈怠責任に対応する部分は補償しない。

２　乙がその職務を行うに際して悪意、重過失があり第三者に対する責任を負う場合、甲は乙がその責任を履行することによる損失は補償しない。

第４条（報告）
本契約に基づく補償が行われたときは、補償を行った取締役、及び乙は、取締役会にその事実を報告する。

年　　月　　日

甲　ソフィア製菓株式会社
代表取締役　氏名＿＿＿＿＿＿＿＿㊞

乙　　取締役　氏名＿＿＿＿＿＿＿＿㊞

んの意向も聞かずに、会社と役員だけで契約を締結してしまってよいのだろうか?」

花戸は風間の、〝取締役に対する本当の委任者は株主だ〟という言葉を思い出しながら和田に尋ねた。今度は、和田はその質問を待っていたかのように、

「さすがは本部長です。たしかに会社のトップと役員とが慣れ合って、内容のよろしくない補償契約を結んでしまうことだってありえますから。ウチでは考えられませんが……。そこで、法律上は株主の意向を尊重するために、補償契約の内容は**取締役会で決議**することになっています(430条の2第1項)。当社もすでに取締役会で決議いただいております」と、よどみなく答え、さらに、

「智田社長は、『取締役や監査役の方々に思う存分に腕を振るっていただくためには、会社からの支援体制を整えておくことが必要です』とおっしゃられ、会社として補償契約制度を導入しております」

と、少し誇らしげに付け加えた。さすがは智田社長だ。花戸は心の中で感謝した。

4 D&O保険

「最後に、これは『D&O保険』の説明書でございます。こちらはお読みいただくだけで結構です」

和田が差し出したのは「役員賠償責任保険（D&O保険）契約の概要」という説明書であった。

「ああ、D&O保険ね」と、花戸は「澄っこ」で風間が話してくれたことを思い出しながら、〝ずっと昔から知っていたよモード〟で説明書を受け取った。

「あのう、役員が責任を追及されて裁判などになる場合に備えて、賠償金や対応費用を負担されたときの損失を補償する保険でございます」。

和田は律儀な姿勢を崩さず説明を続ける。

「以前は、D&O保険の『保険料』を会社が負担してよいのか疑義があったようですが、いままでは、先ほどの補償契約と同じように、保険契約の内容について取締役会が承認決議を行えば会社が負担できます。そのことが法律で明確にされております。この点も当社ではすでに取締役会決議を行いました。したがいまして、D&O保険に関しては本部長の保険料負担

＊＊年＊＊月＊＊日ソフィア製薬株式会社総務部作成

役員賠償責任保険（D&O保険）契約の概要

当社が締結している役員賠償責任保険契約の概要は次のとおりです。契約の詳細については約款をご覧ください。なお当該保険契約の内容については＊＊年＊月＊日開催の取締役会にて承認決議がなされています。

1　保険者：帝都損害保険株式会社（会社と役員賠償責任保険契約を締結している保険会社です）

2　保険契約者：会社

3　被保険者：
⑴　当会社の役員（取締役および監査役）
⑵　退任している役員、保険契約期間中に退任した役員
⑶　役員が死亡した場合、その相続人が被保険者とみなされます。

4　保険の対象となる損害：
⑴　賠償損害：役員が職務を行うに関して責任を負うことによって生じる、対会社責任、対第三者責任を負担することによって生じる損害
⑵　防御費用：役員が責任追及を受け、防御費用を支払うことによって生じる損害

5　保険の対象とならない損害：犯罪行為・法令違反と知りながらの行為・私的利益を目的とした行為に起因する損害

6　保険の期間：１年間

7　保険金の限度額：約款記載のとおり

8　保険料：保険料は会社が負担します。

以上

はございませんので、特にご署名、ご捺印なども必要ございません」

そこまで説明すると、和田は、

「以上でございます。ありがとうございました。それでは、なにとぞよろしくお願いいたします」

と、ていねいに頭を下げ、書類を入れてきた袋をきちんとたたんだ。

「どうもご苦労さまでした」

花戸は渡された書類を大切にブリーフケースにしまった。〝いよいよだな〟。緊張感と期待感とが花戸の胸にあふれてきた。

5　取締役の背負うもの　――風間弁護士の話

「というわけで、いろいろ書類をもらったのだ。その後、書類を見ていたら風間に教えてほしいことがいっぱい出てきてしまった。すまないが、ぜひ教えてくれないか」

翌日の夜、「澄っこ」の一番奥の席に陣取っていた花戸は、風間が姿を現すと、さっそく、話を始めた。そこへ亜美ちゃんが熱々のふろふき大根を運んできてくれた。

花戸が「ありがとう！　おいしそうだねえ」と礼を言うと、風間は「亜美ちゃんが大切に運んでくれるから、おいしくなるのだよ」と嬉しそうに「解説」した。花戸は風間のニコニコ顔に素知らぬ振りで質問を続ける。

「『就任承諾書』というのは風間が教えてくれたことでわかるけれど、『役員誓約書』と『補償契約書』っていうのがよくわからない。D＆O保険についても、実はわからない点があるんだ。

まず、役員誓約書に『**忠実義務**』というのが書いてあった。その意味がわからない。この前、善管注意義務っていうのを教えてもらったけれど、それとは別に忠実義務っていうのがあるのか？」

忠実義務

「忠実義務（355条）っていうのはね」

風間弁護士が話し出した。

「忠実義務っていうのは、文字通り、『会社に対して忠実であれ』という義務で、善管注意義務とは別のものだ。同じだという意見もあるけれど、俺は違うものだと思っている。善管注意義務は、取締役は『経営のプロ』の名に恥じない注意深さをもって仕事をしろということだよ。まあ、取締役としての『能力』や『腕前』のことだと言える。

それに対して『忠実義務』というのは『**取締役は会社を裏切ってはならない**』ということだ。取締役や執行役に課せられた独特の義務だ。監査役はビジネスの現場には立たないからこの義務はない」

〝監査役に忠実義務はない〟という風間の言葉で花戸は誓約書のタイトルが「役員誓約書（取締役用）」となっていたことに気づいた。同じ役員でも取締役と監査役とでは違うのだ。

「西洋には騎士道の1つとして国家に対する忠誠を表す『**ロイヤリティ**』（loyalty）という言葉があるだろ。日本でも、江戸時代の武士は自分が所属する『藩』に対して『忠誠を尽くす』という考え方があった。会社を藩と考えれば、それが一番ぴったりくる。

取締役たるもの、会社、そしてその背後にいる株主さんを裏切ってはいけないのだ。善管注意義務は能力や腕前の問題だが、会社を裏切らないというのは、誠実さというか、人としての生き方の問題だ。ざっくばらんに言えばさ、能力がなくたって会社や株主を裏切ることはできるだろ！」

風間は皮肉っぽく笑った。風間は人情に厚いくせに、時々皮肉屋になる。

競業避止の原則

「たしかに能力と誠実さは別の問題だなあ。でも、具体的に忠実義務ってどういう内容があるのだ」

「基本的に、取締役は会社の利益に反することをしてはいけないのだ。忠実義務というのは、常に**会社の利益を最優先**にして、一心不乱に業務を推進せよ、ということだからね。

一番有名なのは、『**競業避止の原則**』だろうな。取締役は原則として会社と競合するような仕事をしてはいけないというルールだ（356条、365条）。つまり、ソフィア製菓の取締役は会社に黙って個人的に製菓事業をすることはできないんだよ。ダミーを使ってやるのもだめ！　当然だろう。考えてもみろよ、株主さんたちは取締役がソフィア製菓のために日夜、全力でがんばってくれていると信頼していたのに、どうも最近、売上が減ってきて変だと思って調べてみたら、取締役が裏でこっそりお菓子の商売をして会社のお客さんを片っ端から奪っていた、なんてな……」

「そんな奴がいたら、俺が制裁を加えてやるよ！」

花戸は力んで言った。そういえば、誓約書3条に「私は会社の事業に競合する行為はしない」という条項があった。あれが競業避止の原則か。

利益相反取引の回避

「それから『**利益相反取引の回避**』という原則もある（356条、365条）」

「そりゃまた、難しい言葉だなあ」

「簡単に言えば、取締役自身が『個人』として会社と取引をするのは原則禁止ということ。たとえば、花戸が自分の土地を社員寮の用地として会社に売るとする。花戸個人としては、なるべく高く売りたいだろ？」

「いや、俺は会社のためなら安く売ってもいいよ！　もっとも、土地なんて持っていないけどな」

「混ぜっ返さないでくれよ。たとえとして話しているんだから。普通、花戸は高く売りたいんだよ！

　他方、会社・株主の側としてはできるだけ安く買いたい。こういう利害対立の状況を、『**利益相反**』というんだ。こうなると取締役としては、『会社・株主の利益最優先』は難しくなる。だから原則禁止になっている。

花戸が『個人会社』を持っているとする。その代表者として花戸の会社が持っている土地をソフィア製菓に売る場合も同じように利害が対立する。やはり原則禁止だ」

「要するに、取締役になったら会社と取引するのは避けろということだな。気を付けるよ」

言いながら花戸は秘伝の味噌を乗せたふろふき大根を口に入れた。

「もう1つある」

と、風間は冷静に続ける。

「まだあるのか？」

花戸はげんなりしてきた。

「あるよ、まだ説明は始まったばかりだ！」

と風間は歯切れよく答える。〝しっかり聞け〟の表情だ。

「たとえば、花戸が銀行から借り入れをしているとして、その借金について保証する契約を会社が銀行と結ぶ場合だ。保証契約の当事者は会社と銀行だが、会社が保証してくれることで間接的に花戸はその利益を受けることになる。こうした取引を『**間接取引**』というのだが、これも原則禁止だ。間接的とはいえ、会社の保証リスクで花戸が利益を得る。やはり利益相反になるからね。この『間接取引』に対して、さっきの花戸が土地を会社に売るケースは、花戸が直接、売買契約の当事者になるから、『**直接取引**』と言っている」

「そうか、規制ばかりだなあ」

と花戸は役員誓約書4条に「直接取引」「間接取引」という項目があったことを思い出した。

「わかった。けれど、それじゃあ取締役は会社と競合する事業や、会社との取引は一切できないのか？」

花戸が聞くと、風間は〝取締役もたいへんだよな〟の表情を浮かべ、

「いや、『原則』というくらいのものだからさ、例外はある」

と、少し優しい口調になった。

「例外的に、取締役会に事実関係を報告して、**取締役会が承認決議**をしてくれれば可能になるよ（365条）。取締役会が株主に代わって会社の利益が害されないかを慎重に審査して了承するわけだからね」

「だが、その取締役会でも利益相反する取締役と他の取締役らが慣れ合うリスクが出てくるだろう？」

「そのため、利益相反する取締役本人は議決に加わってはいけないことになっている（369

条2項)。『特別利害関係人』というのだ」

守秘義務

「次に有名なのが、取締役の『**守秘義務**』というやつだ。俺はこれも忠実義務の一つだと思っている。藩に忠誠を尽くすと誓った武士が、秘伝の藩名物の作り方や藩の財政状況などを外部に漏らすなんて考えられないだろ。それと同じで、取締役も会社の技術上の秘密や、原価率など営業上の秘密、人事上の秘密、経営戦略上の秘密などを外に漏洩してはいけないのだよ」

「そうか、守秘義務か……」

そういえば、会社から受け取った役員誓約書5条に「秘密情報の非開示」という条項もあった。花戸は、脳裏に取締役になった自分が「さまざまな義務たち」にギシギシと囲まれているイメージが浮かんできて、次の言葉が出てこなくなった。熱燗も冷めてしまっている。

「おい、何を静かになってるんだよ。守秘義務を負わされるくらいの重要な職務に就くのだと、前向きに受けとめろよ。そんなこと言ったら、われわれ弁護士なんて四六時中、守秘義務とのお付き合いだよ。『風間弁護士は○○会社の仕事をされているんですか?』という箇単な質問にすら答えるのはためらう。だって、仮に俺が『会社再建』の専門弁護士だとすれば、その俺が『はい、その会社の仕事をやっています』と素直に答えれば、『その会社は再建手続きの準備中だ！』とばれるからね。最初はつらい。けれど、いつの日か、秘密を守ることにプライドを感じるようになる。花戸だって、きっとそう感じるようになるさ。

ところで、花戸は今日、『役員誓約書』とか書式のたぐいを持ってきてないよな。なぜ？」

「ごめん。会社の書式だから、親友とはいえ見せてはいけないと思ったんだ」

「それが守秘義務なんだよ。もう、ちゃんと実践しているじゃないか！」

風間は、〝やるな、お主〟の顔で花戸を誉めた。

〝そうか、こういう日常の心遣いが守秘義務なのか〟と、花戸は少しわかった気がした。

退任後も守秘義務が

「気を付けるべきは、**守秘義務は退任後も続く**ということだよ」

「え！　退任しても義務が残る？」

「そりゃそうだよ、取締役が、『私、昨日退任しました』と言いながら、ペラペラ会社の秘密をあちこちでしゃべるようでは、会社も株主もたまったものではない。実例もある。保険会社の常務取締役が退任した直後に会社の稟議内容など秘密情報を雑誌記者に伝えたのだ。その内容が記事になった結果、会社は顧客から保険契約についてシェアダウンをされた。そこで会社は元常務を提訴して損害賠償を求めたのだ」

「どうなった？」

「元常務は契約シェアダウンの損害や名誉棄損に対する損害の賠償を命じられた。裁判所は、取締役は『忠実義務の一内容として守秘義務を負うことは当然である』と言っているよ」

（「保険会社情報漏洩事件」東京地裁99・２・15判決）

風間は淡々と言いながら酒を自分のコップに注いだ。

「だけど……」

と花戸は浮かんできた疑問をそのまま風間に問いかける。

「今の話を聞いて思ったのだが、仮に、取締役が外に伝えたかった内容が、会社の法令違反や社会正義に反する事柄であったら、別ではないか。そういう場合は、取締役といえども、正義のために、守秘義務を超えて外部に告発することもできるのではないか？」

「たしかに」

と風間は落ち着いて答える。コップの酒はそのままだ。

「**公益通報者保護法**といって、会社や役職員が特定の犯罪行為や行政罰の対象となる行為を行っているときに、会社、監督行政庁、マスコミなどに告発した者を保護する法律はある。役員も保護対象にはなっている（公益通報者保護法2条1項4号）。だが、取締役の場合は、自分自身が『ボードの一員』として違法、不正な行為を止めさせる法的権限を持っている。むしろ止めさせることは取締役の義務だといえる。その義務を果たすこともせず、簡単に内部告発するというのは、筋が通らないと思う。役員は従業員とは違うのだ」

風間の表情は厳しい。取締役はたいへんな重荷を背負うのだなあと、花戸は改めて思った。

取締役とインサイダー情報

「情報管理の延長線上で言っておくべき大切なことがある。それは、ソフィア製菓の株価が動くような重要事項を取締役会で決めたり、大きな出来事が起きたりしたときは、取締役はそれらの重要情報を『**インサイダー情報**』として厳しく管理しなければならないということだ。この義務は会社の関係者すべてが負っている義務だが、役員の場合は取締役会などで重要情報を得られる立場だから、特に、注意が必要だ。

取締役や監査役はインサイダー中のインサイダーだからね、重要情報を知って未公表のうちに、ソフィア製菓の株を売ったり買ったりするのはいけない。これを世に『**インサイダー取引**』という。証券マーケットの向こう側にいる、情報を知らない善良な人たちを騙して取引するのだから、きわめて悪質な犯罪行為だよ。５年以下の懲役刑だ！（金融商品取引法197条の2）」

珍しく風間は怒ったように言った。

「何か、怒っている？」

「いや、日本はインサイダー取引に甘いからなあ。なかなか、逮捕、起訴、実刑とはいかない。金融犯罪に甘いのは資本主義国として日本が後進国であることの証拠だよ。何が『貯蓄から投資へ』だ。映画『ウォール街』を見た？　あのラストシーンでは金融界のスターである主人公ゴードン・ゲッコーが逮捕され手錠をかけられる。マイケル・ダグラスの演技もうまいのだが、その悄然とした表情を見ると、アメリカでは金融犯罪がどれほど重大な犯罪とされているか、実感できる。花戸も役員になるんだから見たほうがいいよ、続編もあるしな」

映画ファンの風間らしいアドバイスだ。いまの風間は弁護士らしく冷静なたたずまいにはなっているが、一段掘り下げると、その心の底にはバンド時代の熱い情熱の河が流れている。

「では、取締役としてはどうすればよいのだ？」

花戸は風間の義憤を刺激しないように、そっと聞いた。

「会社から正式な情報発表の手続きが取られるまで会社の株の取引は一切しないことだよ」

インサイダー情報の伝達罪、インサイダー取引の推奨罪

「それから、念のため付け加えると、友人や知人などに儲けさせよう、損を免れさせようと思って、インサイダー情報を伝えることも、インサイダー取引を勧めることも犯罪だ。『**インサイダー情報伝達罪**』『**インサイダー取引推奨罪**』という。両方ともインサイダー取引と同じく、５年以下の懲役だ（金融商品取引法１６７条の２第１項、１９７条の２第14号）。

「具体的にはどんなときに問題になる？」

「たとえば、開発部門が『画期的な新製品の開発に成功した』など、株価が上がるようなインサイダー情報を知った花戸が、友だちに儲けてもらおうと思って、『新製品の開発に成功したよ！』と言うのがインサイダー情報伝達罪。インサイダー情報のことは言わないが、友だちに『いまのうち、ソフィア製菓の株を買っておいたほうがいいよ！』と言うのが推奨罪。最近は実例も出てきている。

花戸も気を付けてくれよ。お前はあったかいやつだから、好意で人に情報を教えたり、『ウチの株、買っておくといいことがあるよ』などと勧めたりしかねない。すごく心配だ。

あ、亜美ちゃん、熱燗お代わりお願い！」

風間はカウンターに向かって大きく手を振った。風間の声を聞きながら花戸は「役員誓約書」の７条にいま風間が言った事柄が書かれていたのを思い出していた。

「防御費用」とは

亜美ちゃんが熱燗を運んできてくれたところで、花戸は次の質問を投げかけた。

「『補償契約書』というひな型をもらったんだ。補償対象は２つあって、１つは『防御費用』だそうで、総務から、弁護士報酬や調査費用のことだと説明された。もう１つは『第三者に対する責任の履行による損失』というらしい。まず、防御費用についてだが、取締役が個人的に弁護士を頼むって、どんなときだろうか？」

「取締役はね、**訴訟リスク**に囲まれているのだ」

と、風間は内ポケットからメモ用紙を取り出すと、いそいそと図を描き始めた。何が嬉しいのだと、花戸は少しムッとしながら図を見つめている。

「訴訟リスクの第一は『**会社訴訟**』といって取締役が会社から訴えられる場合だ。この**図の①**だな。この前も言ったが、最近は会社がみずから役員を提訴する例が増えている。会社が『原告』として訴えてくれれば、取締役は『被告』として対応しなければならない。そのために個人的に弁護士に依頼することになる。

裁判にまではならなくても、監査役などから『今回の花戸取締役の営業活動は違法の疑いがあります』と取締役会などで追及されることもあるかもしれないぞ。そのときは、やはり弁護士に依頼して釈明の準備をすることになる。

第二の訴訟リスクは、この前少し話したが、『**株主代表訴訟**』だ。この**図の②**だな。本来、第一の会社訴訟を行うべきなのに会社が『身内かわいさ』で訴えようとしないとき、業を煮やした株主が『ちゃんと会社に賠償しろ！』と、取締役を提訴してくる。提訴された取締役はやはり、弁護士が必要だし、調査費用もかかるだろう」

「『会社に賠償しろ！』って、その代表訴訟で株主は何か得になるのか？」

「株主自身は何の得にもならないさ。会社の経営を是正することで正論を貫けるということだろうね」

「それで、第三の訴訟リスクは？」

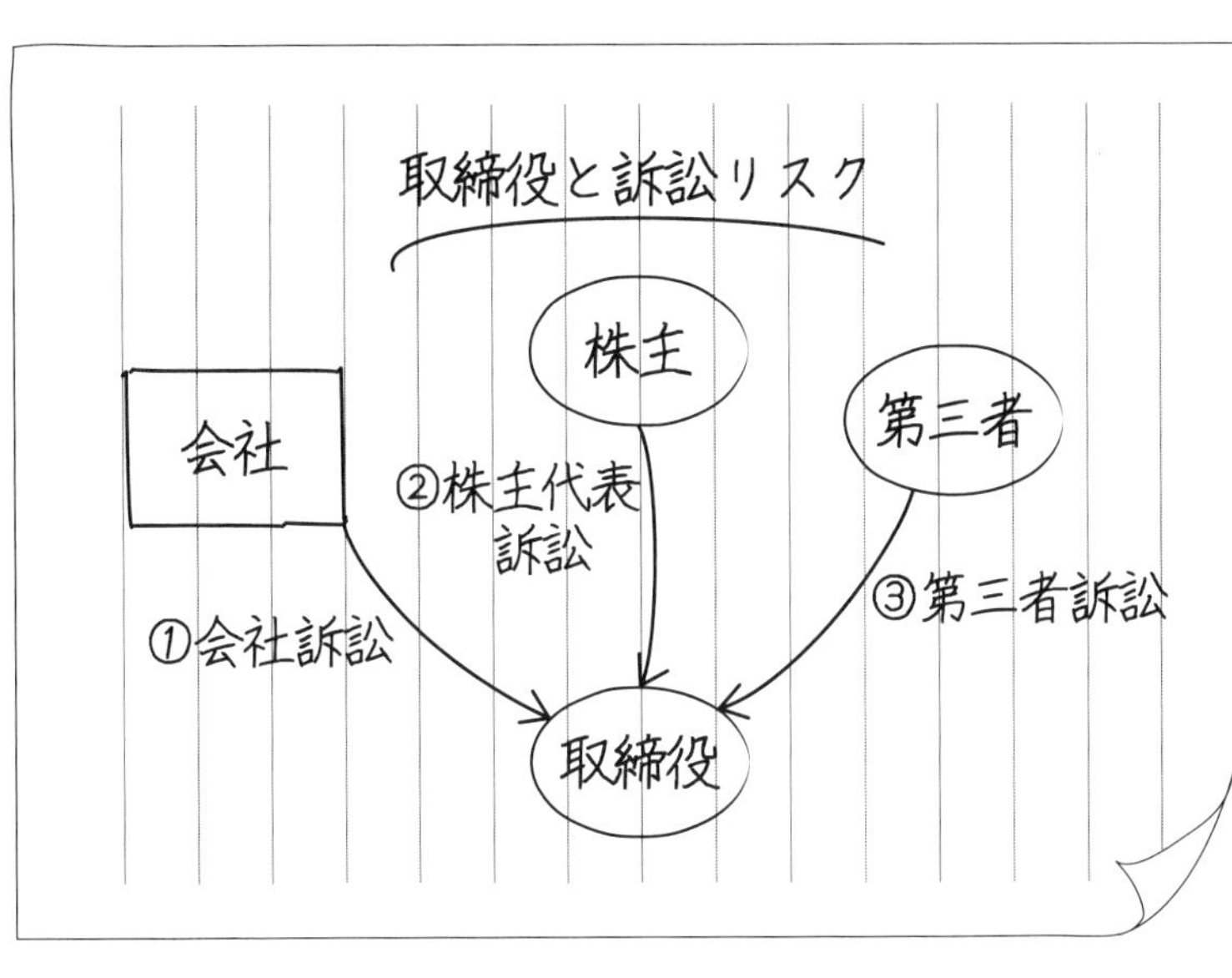

「第三の訴訟リスクは、取締役が第三者から提訴される『**第三者訴訟**』だよ。**この図の③**だ。第三者訴訟で提訴されたり、責任追及されたりするときも、受けて立つには弁護士費用などがかかる。

これら3つの訴訟リスクのいずれの場合でも、訴訟対応や問題提起に対応するため取締役が費用を支払ったときは、『防御費用』として会社が補償してくれるというのだ。ありがたい契約じゃないか」

風間は図をきれいに描けたのが嬉しいのか、花戸がこれから訴訟リスクに囲まれるのが嬉しいのかわからないが、にっこり笑った。花戸は風間がすっかり酔ってしまう前にと、急いで次の質問をした。

「補償契約のひな型を見ると、**『通常要する費用額を超える部分』**は補償しないと書いてあった。これはどういう意味？」

「そのままの意味だよ。相場というか、常識的な額を上回る金額になったら、上回る分は補償しないということさ。たとえば弁護士報酬は、普通は、相手から要求されている金額、事案の難しさ、かかった時間、結果がうまくいった程度などから計算される。昔は『日本弁護士連合会報酬基準』というのがあった。それも1つの参考になる。そうやって計算される合理的な費用を超える場合、超える部分は補償されない。だから、委任するなら常識的な報酬の弁護士を選ぶ必要がある」

風間はそう言ったあと、「言っておくが、俺は『通常の額』だよ、腕は通常をはるかに超えるけどな！」と、胸を張って付け加えた。そして次の瞬間、ちょっと照れた笑顔になった。

そこへメインの「おでん盛り合わせ」が到着した。湯気が温かい。

「第三者に対する責任」の履行と補償

「いま風間が『第三者訴訟』と言っただろう。ひな型にも、もう1つの補償対象として**『第三者に対する責任の履行による損失』**を補償すると書いてあった。それと関係があるんだろうなあとは思うが、俺は、本当はこの『第三者に対する責任』というのが、実はまるでわかっていない。

そもそも、『**第三者**』って誰なんだ？」

花戸はずっともやもやしていたことをズバリと聞いた。

「『第三者』というのは法律用語なのだ。『委任契約』を結んでいる『当事者』は役員と会社だ。その当事者以外の人や組織を、すべて『第三者』と表現する。それが法律上の決まりなのだよ。たとえば、販売店みたいに毎日顔を合わせている大切なお取引先でも、会社以外だから法律上は『第三者』ということになる。消費者、従業員、株主など、とにかく、会社以外の人や組織は取締役にとってみな第三者だ」

「でも第三者という呼び方はなんだか冷たい感じだなあ……」

と、花戸はおでんの熱い豆腐を口に入れながらつぶやき、質問を続ける。

第三者に対する「特別責任」

「それで、取締役が第三者に責任を負うのは、どういうとき？」

「2つのタイプがある。ややこしいからな、よく聞けよ！」

と、風間は居住まいを正そうとしたが、少し酔ってきたのでポーズが決まらない。

「第一のタイプは、取締役の『**特別責任**』だ。取締役が会社の職務を行っているときに善管注意義務違反があり、そのことについて『**悪意**』、『**重過失**』があったときは、その義務違反行為の『**とばっちり**』で被害を受けた第三者に対して賠償する責任が生じるのだ（429条1項）。この『悪意』も法律用語だが、『わざと』と言っていいほどの悪質性があるときだ。『重過失』とは、とんでもないミスという意味だ。これは会社の役員に課せられた特別の責任だ。俺は『**とばっちり責任**』と言っている」

風間はさっきの図に「とばっちり」と書き込んだ。

「うん……全然わからない。具体的にどんな場合だ？」

「仮に花戸が退職後に小さな会社を作ったとする。だが、急にやる気が失せて、〝このままいけば会社は潰れるな、でも構うものか〟と、経営を放りっぱなしにしていた。その結果、会社は倒産してしまった。そのとき、会社の仕入れ先が、『会社が倒産して売掛が焦げ付いたのは花戸取締役のせいだ！』と訴えてくる、そういうケースだ。『放漫経営責任』という呼び方があるくらい、実例も多い」

「その仕入先が『第三者』というわけか。こわいなあ。それで、どこが『**特別**』なんだ？」

「会社に対する業務の関係で、悪意、重過失という落ち度があったときは、第三者に対する関係での落ち度は問題とせず、責任を負わされるからだよ」

「そうかあ、いまの例でいうと、会社を放りっぱなしにした落ち度があれば、仕入先に対しても責任を負わされるのか。取締役の立場って重いのだなあ……」

花戸はまたまた気分が沈んだ。

「特別責任には、『**虚偽表示による対第三者責任**』というのもあるよ」

と、花戸の〝もういいよ〟の表情にかまわず風間の説明は続く。

「計算書類など会社が作成する重要書類にウソがあったら、作成した取締役は『十分注意したのだ』と証明できないかぎり、それによって損害を被った第三者に賠償責任を負わされる（429条2項）。これも第三者からみれば『とばっちり』被害だからね」

第三者に対する一般の不法行為責任

「第二のタイプは、直接に第三者と向かい合う関係で取締役に故意、過失があって、取締役の行為が民法に定められている『不法行為』になるとき生じる責任だ（民法709条）。たとえば、花戸が製造部に異動になり、菓子を製造しているときに、注意すれば原材料が『消費期限切れ』であることに気づけたはずなのに気づかず使用したとする。その製品を食べて健康被害が生じた消費者は、〝製造の責任者である花戸取締役に責任がある〟と、花戸個人を訴えてくるよ。直接に消費者に対する関係だから、これはさっきの特別責任とは違い一般の責任だという意味で、『一般の不法行為』と呼んでいる」

「すると、『第三者に対する責任の履行による損失を補償する』というのだから、いまの2つのタイプを合わせて第三者責任を補償してくれるというのだな？　ありがたい！」

対第三者責任と補償契約

「それが、そう手放しでありがたいというわけでもない」と、風間は水を差すように言った。

「法律上、『悪意、重過失がある場合は補償しない』とされている（430条の2第2項3号）。たぶんソフィア製菓の補償契約のひな型にもそうした条項が入っていると思う」

「確かに、入っていた気がする」

と花戸は補償契約ひな型の第3条を思い出しながら言った。

「第三者に対する責任の第一のタイプ、『特別責任』が生じるのは『悪意・重過失』があったときだと言っただろう。だから、特別責任の賠償金を支払っても補償される可能性は低い。

ただし、特別責任でも『虚偽表示による対第三者責任』の場合は過失責任とされているから、補償される可能性はある。

それに対して、第三者責任の第二のタイプ、取引先や消費者に対する『一般の不法行為責任』が成立する場合は、故意・重過失でなければ、つまり普通の過失責任の場合は補償されることになる。それと、その行為が、『会社に対する関係』で任務違反行為になり、会社に対して賠償責任を負う場合は、もちろんだが、その分は補償対象にならない。会社としても、本来は賠償請求すべき相手である取締役に補償するわけにはいかないからね」（430条の2第2項2号）。

「ということは、あまり幅広い補償を期待しないほうが良いということだな」

「補償をあてにしているようじゃダメだよ。取締役は善管注意義務と忠実義務とを守って、誠実に職務を行うに尽きるよ」

風間は厳かに「格言」を述べるように言った。だいぶ酒が進んでいる。

D&O保険の仕組み

「補償契約のほうは大体わかった。それとD＆O保険についても教えてほしい。保険の対象として『対会社責任』『対第三者責任』と書いてあった。そこには、いま風間が説明してくれた『株主代表訴訟』は含まれるのか？」

「含まれているよ。株主代表訴訟というのは、本来は会社が提訴しなければならない会社訴訟をやらないから、株主が代わって提訴するということだからね。『対会社責任』に含まれる」

「ありがとう、わかった。ありがたい保険だが、総務の説明では保険料は会社が負担すると言っていた。それで良いのだな？」

「法律ではD&O保険の導入と内容について取締役会で決定すれば、その保険料も会社が負担できることになっている（430条の3第1項）。総務の人が言うとおりだ」

「それもありがたい。それにしても、役員の周りは『訴訟リスク』ばかりなのだなあ」

「自分の周りの義務たち」に続いて「自分の周りの訴訟リスクたち」が並んでいるイメージが浮かんだ。

「それから……」

と、ちょっと間を置いて花戸は、その日、一番聞きたかった質問をした。

「D&O保険の説明書に『役員が死亡した場合、その相続人が被保険者とみなされます』と書いてあった。なぜ、ビジネスの場面で相続人が出てくるのだ⁉」

「**取締役の責任は相続されるのだ**」

風間はこともなげに言った。まるで、疑問を持つことが疑問だというふうであった。

「だってさ、善管注意義務違反があるとしても、違反するのは俺だよ。売掛の焦げ付きでも新製品開発の失敗でも、俺が取締役としてやることだ。万一のときは潔く責任をとるよ。でも、家族はその間、家で家事をしたり、友だちと遊んだり、勉強したり、映画を見ていたりしているだけだ。ビジネスとなんの関係もない。それでも俺が死んだときは、家族が賠償責任を負うことになる、その理屈がどうしても、わからない！」

「あ、それはだな……」

風間は花戸があまりに憤っているのに驚いたのか、まるで弁解するように説明し始めた。

「相続というのは、プラスの財産もマイナスの財産もすべて受け継ぐのが基本なのだ。借金や債務があれば、それは相続人が負わなければならない」

風間は懸命に説明してくれている。巡航速度で飲んでいた割には、しっかりと説明してくれる。ありがたい。

「そのマイナスの遺産、『負の遺産』だな、そのなかには、『借金』のようにはっきりしたもの以外に、目に見えないものがある。役員の賠償責任がそれだ。たとえば、花戸の『とんでもないミス』で1億円の焦げ付きが出ていたことが事後の調査で判明したとする。だが、法的に言えば損害は焦げ付いたその瞬間に発生し、賠償責任も潜在的に発生していたのだ。その見えない責任が、花戸が亡くなったときに理屈のうえでは相続されている。だから、D&O保険は、取締役の『相続人』、つまりお前のご家族だね、そのご家族にも適用されると書いてあるのだ。泣けてくるほど親切な保険契約だよ」

「俺の過ちが家族にまで及ぶということか。なんだか、江戸時代の連座制みたいじゃないか……」

うめいている花戸に風間は、

「だがな、ものは考えようだ。これからお前が取締役として行う業務の一つ一つは、万一のときは、ひょっとすると家族にも迷惑が及ぶかもしれない、迷惑をかけないためには注意義務に従って誠実に業務に打ち込もうという決意を持てるじゃないか。張りのある人生だぞ！」

と明るく言った。本当に風間はプラス思考の塊だ。

「そのためには、役員室のお前のデスクの後ろに家族の写真を置いておくといい。判断に迷うときは、必ず後ろを振り返り、みんなに迷惑はかけないよ！　と心のなかでつぶやくのだ。個人として最高のリスク管理手段になる。そのことが結果的には会社にとっても、良いことなのだ」

花戸は自分のデスクの後ろに家族写真が置かれている情景を想像する。想像のなかで写真を振り返ると、「お父さん、がんばってね！」と妻と２人の子が花戸を励ますように微笑んだ。

第3話 大株主から届いた手紙

——コーポレートガバナンスとは

1 届いた手紙

4月中旬、6月の定時総会で正式に提案される予定の役員選任議案が「役員人事内定の件」として世間に公表された。新聞に小さく掲載された「ソフィア製菓（6月＊日）取締役」として智田、渡辺、佐藤、田中、伊藤、山本らの名前に続いて「花戸嵐（現営業本部長）」と記載された記事を見たとき、花戸は身の引き締まる思いがした。

〝これで、もう後へは引けないな〟

数日後、いつものように早めに出社した花戸が自席に着くやいなや、総務部長の遠藤哲也（えんどう てつや）がすっ飛んでやってきた。

「花戸さん、大変ですよ。花戸さんを取締役にすることについて、大株主から異議が出たらしいです。ちょっと専務室までいらしていただけませんか。専務がお呼びです」

「えっ、どうして……」

〝何なんだ。まだ取締役に就任もしていないのに……もう異議が出たって？　わけがわからん〟

花戸は心のざわめきを抑えられないまま、遠藤部長とともに専務室に向かった。

2　大株主から「異議あり！」の声が

専務室には渡辺専務、佐藤常務、田中取締役らが集まっていた。智田社長は商談で外出していた。渡辺専務は、

「いや、大株主のＣＧＳ生命さんから手紙が来ましてね。花戸さん自身がどうのこうのということではないのだけれど。まあ、読んでみてください」

と言いながら「ご質問の件」という手紙を差し出した。

「ＣＧＳ生命保険株式会社」は、アメリカに本社のある世界的な金融会社「ＣＧＳフィナン

シャル」の日本法人である。3年前にソフィア製菓の株主として登場し、以来、持株数を増やし続け、この3月末の総会基準日時点では保有株4・5％で第4位の大株主となっている。生命保険会社は保険の「契約者」（顧客）から預かった資金を運用して利益を上げる責務を負っている。「**機関投資家**」の典型である。ソフィア製菓は、CGS生命が資金運用の目的で株式を保有してくれているものと理解していた。今日まで特にソフィア製菓に対してコンタクトもなかった。

CGS生命の社長である吉田正道（よしだまさみち）氏は、日本での営業展開を飛躍的に発展させた功労者である。また、ガバナンス力のある企業に投資するという「**ガバナンス投資**」の考え方をもとにして「コーポレートガバナンス」（企業統治）について一家言を持っている。経済誌にもときどき論文を掲載するほどの論客である。〝学問的なこと〟にはうとい花戸も吉田氏の名前は知っていた。

「素朴な質問があります」と、手紙を読み終わった花戸はぼそりと言った。

＊＊年４月25日

ソフィア製薬株式会社
代表取締役　智田聡　様

CGS生命保険株式会社（貴社株主）
代表取締役社長　吉田正道　㊞

ご質問の件

拝啓　貴社には益々ご隆昌のことと、お慶び申し上げます。

当社は貴社の経営姿勢に賛同し、貴社の株式を取得し、保有しています。報道によりますと、本年６月に開催予定の定時株主総会における役員選任議案では、取締役を１名増員されるご予定で、その候補者は貴社の営業本部長であるとのことです。この選任議案は貴社のコーポレートガバナンスを弱めるものではないでしょうか。

いまやコーポレートガバナンスの強化は大きな時代の流れとなっています。会社法は一定の監査役会設置会社には１人以上の社外取締役を設置することを義務づけるに至っています（会社法327条の２）。

また、コーポレートガバナンス・コードは、プライム市場の上場会社には独立社外取締役を１／３以上選任することを求め、それ以外の市場の上場会社に対しては、２名以上の独立社外取締役を、さらに「必要と考える場合」は１／３以上の独立社外取締役を選任することを、要請しています（原則４－８）。

貴社はスタンダード市場に上場しておられます。現状では社内出身の取締役４名に対して独立社外取締役が２名であり、独立社外取締役２名以上、及び１／３以上という要請を満たしています。

しかし、今回ご提案の社内出身者が取締役として選任されると、「独立社外取締役１／３以上」という要請を充たさなくなります。

ということは、今回の貴社のご提案は、貴社が「独立社外取締役１／３以上を選任する必要はない」と判断された結果だと拝察いたします。

その判断理由についてご説明をいただきたいと存じます。できればご面談のうえ、ご説明いただければ幸いです。

敬具

3 役員勉強会の実施へ

「役員人事というものは、会社が経営権にもとづいて決めるものでしょう？ なぜ、株主さんが役員人事案について意見を言ったり、説明を求めたりできるのですか？」

「そこなんですよ、花戸さん」

渡辺専務は花戸の素朴な質問を受けて穏やかに話し始める。

「かつては、経営陣は自分たちの判断に基づいてどんどんと経営を進めて行けばよく、株主さんも安定した配当さえ出ていれば、とやかく意見は言わないという時代が、たしかにありました。

しかし、時代は大きく変わったのです。たとえば、株主さんが総会に議案を提案する『**株主提案**』1つにしても、前は20社くらいだったものが最近は40社前後と2倍にもなっていて、ごく普通のことになっています。経営陣同士が合意して合併計画を進めていたところ、反対を表明する株主さんがキャンペーンを行い廃案になった例もありました。当社は取締役の任期を1年としていますが、世の中では毎年の株主総会で得た取締役の『得票率』が発表され、『＊＊%を切った』など、世間の話題になっています。株主さんを軽視することは許されないのです。

それに、理屈を言えば、株主さんは『会社のオーナー』ですからね。その意見をお聴きするのは経営陣としての基本姿勢でしょう。ＣＧＳ生命さんは４・５％の大株主さんです。そのご質問に対してはていねいに対応しなければいけないでしょう」

専務の言葉を受けて佐藤常務が冷静に意見を述べた。

「ＣＧＳ生命の吉田社長はコーポレートガバナンスの論客としてマスコミでも有名です。ご説明するのであれば、当社側も企業統治の根本から誠実にご説明したほうがよいと、私も思います」

佐藤常務の発言を受けて渡辺専務はアイデアが浮かんだときの表情で軽く微笑みながら言った。

「そうですね。私たちのほうも、コーポレートガバナンスの考え方をきちんと整理して、正面からご説明する必要があるということですね。

それでは、顧問弁護士の佐々木秀雄先生に来てもらって、監査役も含めて全役員で勉強会をやりましょう！　花戸さんも『候補者』なのだから参加してください。そのうえで、どのようにご説明すべきかを検討しましょう。ＣＧＳ生命には『お手紙をありがとうございます。

ご質問につきましては、ご説明すべき事柄についていただいま整理をしております』といった趣旨の手紙をすぐに出しておきましょう」

いつもながらテキパキした渡辺専務の采配だった。

4 コーポレートガバナンス勉強会 ――佐々木弁護士のレクチャー

翌日、さっそく「コーポレートガバナンス勉強会」が開かれた。智田社長をはじめ社外の取締役・監査役も含めて全役員が出席している。花戸、遠藤総務部長も参加している。出席者の手元には「**コーポレートガバナンスと経営陣のあり方**」というタイトルのレジュメが配られていた。

講師は佐々木秀雄弁護士。ソフィア製菓とリーガル・コンサルティング契約を締結してから10年が経つ。さまざまな問題が起きるたびに手腕を発揮して鮮やかに解決してくれた。

「みなさま、お疲れさまです」

と、佐々木弁護士は歯切れよくあいさつすると、すぐに本題に入った。

「今回のＣＧＳ生命さんの手紙は、『取締役を増員するなら、社外の人を選ぶべきで、社内の人を取締役に選任すべきではない』と主張しています。コーポレートガバナンスの充実が根拠になっています。そこで今日は、コーポレートガバナンスの基本について簡潔にお話しします」

花戸はCGS生命が花戸という人間を気に入らないのだと思っていた。だが、どうもそういうことではないらしい。

コーポレートガバナンスの主体・目的・手段

❖その「主体」は株主

「では、『コーポレートガバナンスと経営陣のあり方』について、レジュメに沿ってお話しします」

佐々木弁護士は快適なスピードでレクチャーを始めた。

「コーポレートガバナンスとは、一般に『企業経営が適切に行われるように、企業を取り巻く人々が経営陣を監督すること』と定義されています。間違いではありませんが、監督する主体が『企業を取り巻く人々』というのでは広すぎて、ポイントがぼやけてしまいます。

私は『コーポレートガバナンス』を定義するときは、①誰が、②何のために、③どのような手段を使って、経営陣を監督するのか、それぞれを明確にすべきだと考えています。この3点をはっきりしないと、『いろいろな人々が何となく企業批判をするのがコーポレートガバナンスだ』ということになりかねません。

結論からすると私は、**コーポレートガバナンス**とは、①株主が、②企業価値の維持・向上のために、③株主権を背景にしながら経営陣を監督することだと考えます。まず、コーポレートガバナンスの『主体』は端的に言えば株主です。もともと、『株式会社』とは志を同じくする株主たちが事業を展開するために、自分たちのお金を持ち寄って設立したものです。ですから、会社は株主のものです。企業のオーナーである株主たちが自分たちの会社について、決定権、発言権を持つのは当然のことです。このことを『**株主主権**』といい、この要請に応えて株主のほうを向いて経営する姿勢を持つことを『**株主重視経営**』といいます」

花戸は今日まで販売店、消費者のことは常に考えてきたが、「株主」という存在について正面から考えたことはなかった。佐々木弁護士の話は続く。

「これに対して批判があります。『ガバナンスを考えるときは株主ばかりではなく、消費者、従業員、取引先、地域社会などの多くの利害関係者たちのことも合わせて考えるべきだ』という意見です。『**ステークホルダー論**』といいます。けれども私は賛成できません。『多くの人々のことを考える』というのでは漠然としすぎていて、結局、『誰のことも考えない!』ことになってしまうからです。『株主のことばかり考えていると、消費者、従業員、取引先のことを考えなくなる』という批判もあります。しかし、消費者、従業員、取引先は株主にとっても『宝もの』であり、本当に株主重視経営を行うなら、これらの人々を大切にするのは当然のことです。目先の利益を上げて配当するためなら、欠陥品でもごまかして売ればよいなどという経営者は、いません。少なくとも、智田社長ほか、この席にはそのような経営者はいらっしゃらないことは確信しております」

佐々木弁護士が最後の言葉を言ってにっこり笑うと、皆も一様にほほ笑んだ。

❖ その「目的」は企業価値の維持・向上

「では、なぜ株主は経営陣を監督する必要があるのでしょうか。コーポレートガバナンスの『目的』は何かということです」

佐々木弁護士はちょっと言葉を切って皆を見回した。たぶんここがポイントなのだと花戸は思った。

「さきほどコーポレートガバナンスは『企業価値の維持・向上のため』と申し上げました。コーポレートガバナンスの第一の目的は企業価値を守ること、つまり『**企業価値の維持**』です。

万一、経営陣が『法令』に反するような経営を行った場合、会社は『違法企業』のレッテルを貼られ、社会的信用は失墜し、企業価値は致命的な打撃を受けます。株価が暴落することは間違いありません。株主としては最も避けたいところです。以前、食肉会社が、実際は牛肉以外の肉が含まれているのに『牛肉100％』とラベルを付けて販売し、問題になったことがあります。社長は不正競争防止法違反（品質虚偽表示）で執行猶予の付かない有罪刑判決を受けています（「食肉偽装事件」札幌地裁08・3・19判決）。会社は破産しました。

さらに企業は法令を超える『良識』を守ることが求められます。最近、複数のメーカーが納品先と約束した『品質基準』を守らないで部材などを出荷していた事件が相次ぎました。どのメーカーも厳しい社会的糾弾を浴び、株価は下落しています。ＪＩＳ規格など公的規制には違反していなくても、納品先との約束に違反したこと自体で非難されたのです。こうした事例を見ると、法令を超えて取引先との『約束を守る』という社会の良識に応えることも、企業には求められていることがわかります。このように企業が社会の良識に応えることを

『**コンプライアンス**』と呼んでいます。

企業価値を守るために、株主は経営陣に対して法令を守り、コンプライアンスを守る経営を行うことを切実に望みます。法令順守とコンプライアンス、合わせて『**適正経営**』への願いと言ってよいでしょう。

第二のコーポレートガバナンスの目的は企業価値を高めること、つまり『**企業価値の向上**』です。企業は消費者、顧客の期待に応えるため、『より良い商品』『より良いサービス』を追求して日々、進歩していかなければなりません。『昨日と同じことを今日もやり、今日と同じことを明日もやろう』ではダメなのです。ある経営者は『現状維持は退歩だ』と言い切っています。そうして進歩していくことで企業価値は高まり、実績も株価も上がっていきます。そのこともやはり株主が望んでいることです。これを『**成長経営**』への願いと言ってよいでしょう。

特にCGS生命さんのような機関投資家の場合は、投資先の株価を高め、自分自身のお客様である『契約者』に対して『良い投資活動を行っています！』と堂々と報告できるようでなければいけません。企業価値の向上に対する機関投資家の要望は切実です。

一般に企業に関して『成長』と言うときは、売上実績など数値的な向上のことを指すこと

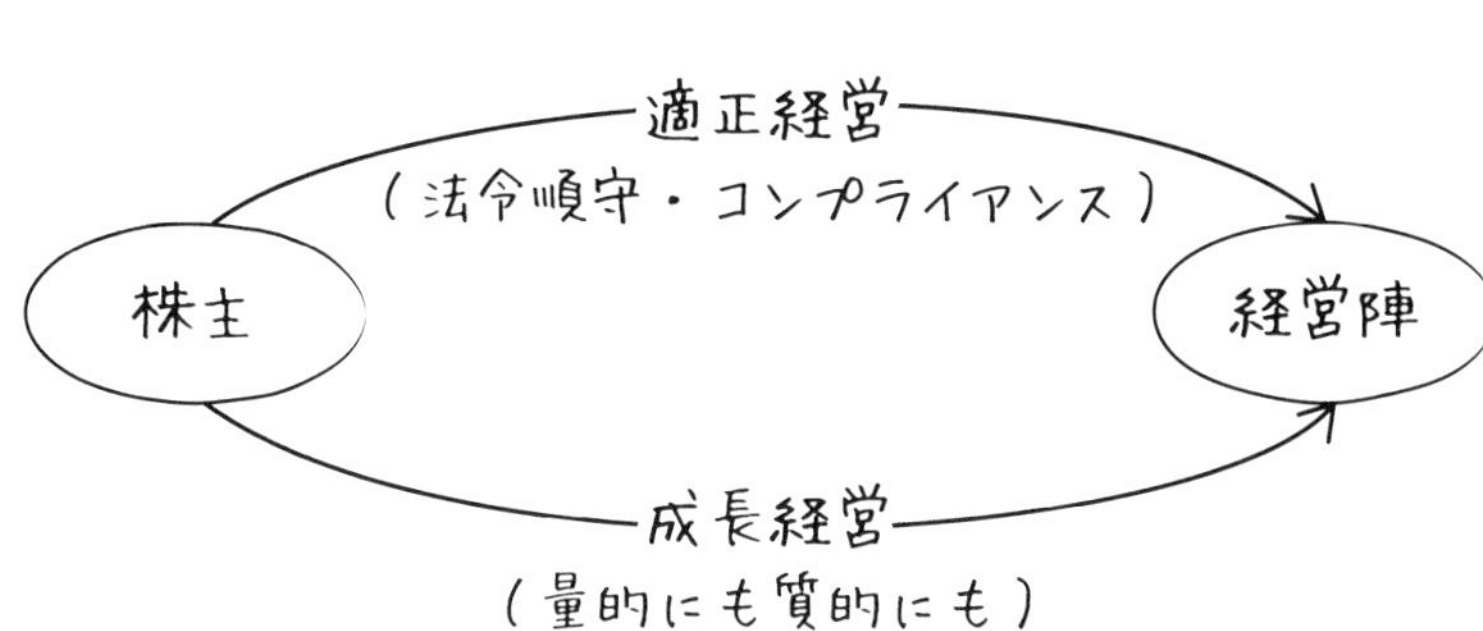

が多いのですが、消費者、顧客、社会の側から見れば質的な向上も大切です。

当社の経営理念はたしか『おいしい笑顔、豊かな心』でしたね。『おいしい笑顔』がこぼれるような、よりすばらしい商品の開発を、今日も、明日も模索し、また、営業活動もそれにふさわしい形で展開させていく、経営陣がそのための努力を絶やさないこと。それが株主の願いです。その本質はイノベーションの実践です。シュムペーターは『イノベーションとは、①新しい財貨、②新しい生産方法、③新しい販路、④新しい供給源、⑤新しい組織だ』と言っています。

『企業価値の維持・向上』という短い言葉には、これだけの意味内容が含まれているのです」

佐々木弁護士がホワイトボードに「株主が望むこと」と題する図を描いた。開発に加えて営業活動にも触れてくれ

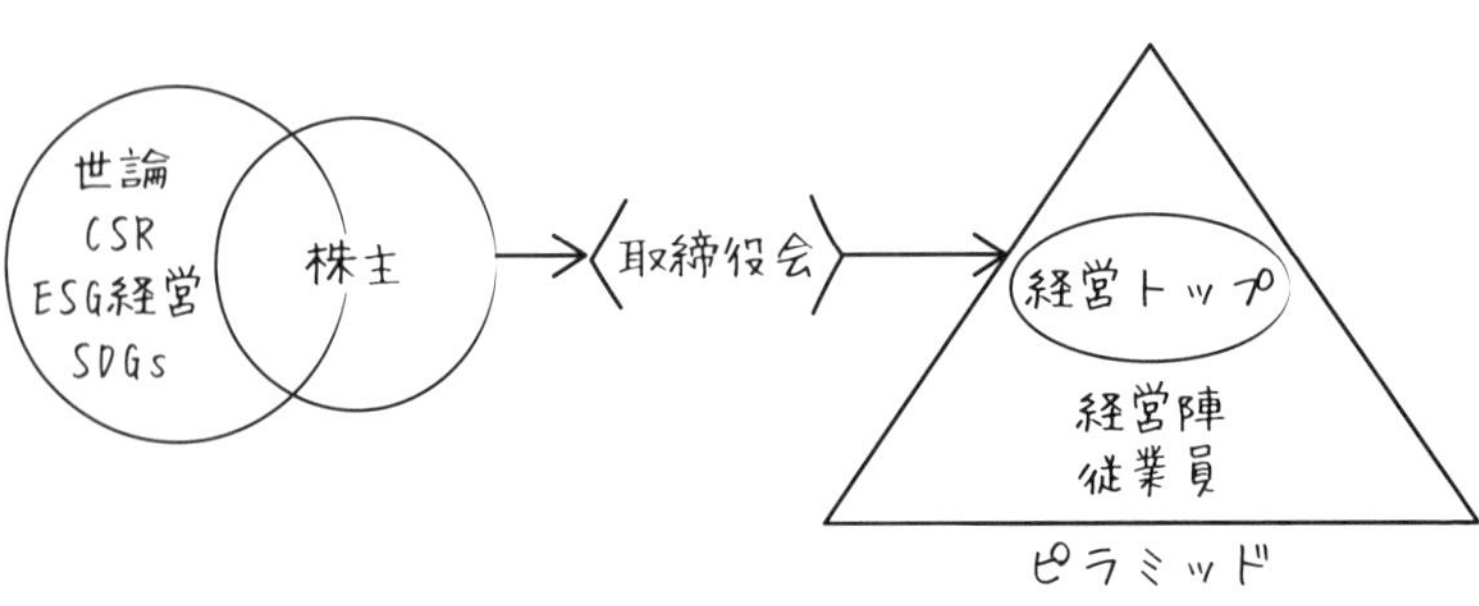

たので、花戸の顔には思わず誇りの笑みがこぼれた。ふと見ると、生産本部長の田中取締役も面はゆそうな顔をしていた。

❖その「手段」は取締役会

「問題は、株主はどうやったらこれらの、『適正経営』『成長経営』を実践してもらうように経営陣を監督できるかです。いわば、ガバナンスの『手段』は何かです。

結論を言えば、その答えが『**取締役会**』なのです。『株主』は株主総会で企業価値の維持・向上の実現に向けて経営陣を監督してくれそうな人を取締役に選任します。その意味で、**取締役**とは文字どおり、株主の期待に応えられるように、経営陣を『取り締まる人』なのです。

一方、『経営陣』とは会社の業務を実行、執行する人たちで、社長、専務、常務という人たちです。経営陣は、さらに部長、課長、係長、一般従業員など多くの人々を部下として指揮命令下に置いて、巨大なピラミッド型組織を築いています。こうした巨大組織の頂上にいる経営陣を『監督』するのは容易なことではありません。

そこで、会社法は、株主に選任された取締役たちがみんなで『取締役会』を構成し、その取締役『会』の力で経営陣をコントロールする体制を制定しています。経営陣のトップは『社長』であり、社長はほとんどの場合、『代表取締役』です。会社法は、取締役会はその決議をもって代表取締役を『**選定**』することも、『**解職**』することもできることにしています（362条2項3号）。

特に解職権は経営トップに対する究極のガバナンス手段です。そのことを世間に印象付けたのは、1982年にある有名百貨店で起きた、代表取締役社長の解任劇です。社長が、会社の利益を減らして、知人の会社に利益を落とすという不当な行為を行っていたのです。トップの『暴走』ですね。その社長が取締役会で突然『解任』されました。当時は『解職』ではなく『解任』と言っていたのです。解任動議が可決された瞬間、代表取締役が『なぜだ！』と叫んだというので、社会的に有名になりました（百貨店社長解任事件）。

あ、誤解しないでいただきたいのですが、当社の経営陣の方々がこのように暴走しそうだなどと言っているわけではありません。皆さまのお人柄は十分存じております。あくまでガバナンスシステム一般論の話です」

佐々木弁護士は笑いながらコメントした。役員たちにも笑いが広がる。

❖ その「補強手段」は取締役会

「会社法は、取締役会によるガバナンスをさらに補強するために、3つのガバナンス補強手段タイプを用意しています。第一は「**監査役型**」です。監査役が、各取締役が『適正経営』を行っているか、違法・不適正な行為はないかと監査する制度です。そのことにより取締役会のガバナンス機能を補強するのです。

監査役型の公開・大会社は、監査役会と会計監査人と、両方を置かなければいけません。この『**公開**』とは上場という意味ではなく、株式に譲渡制限が付いていない会社のことです。また、『**大会社**』とは資本金5億円以上または負債額200億円以上の会社のことをいいます。監査役会は3人以上の監査役で構成され、その過半数は会社としがらみのない『社外監査役』でなければなりません。当社も中村監査役に加えて、小林、斉藤両社外監査役で監査役会を構成しておられます。また、会計監査人として東西監査法人が選任されています。

監査役は『**独任制機関**』とものものしい名前で呼ばれています。その意味は『**監査役会**』

が置かれても監査行為自体は、個々の監査役がそれぞれ行うということです。監査役会は監査の実施方法について役割分担や監査計画を協議する場です。中村さん、小林さん、斉藤さんらが熱心に情報交換、意見交換したうえで監査を実施していらっしゃると拝察しております。

私は監査役型のメリットは独任制にあり、各監査役が単独で権限を行使できる点だと思います。経営陣の行為が違法だと思う監査役、思わない監査役がいるとき、違法だと思う監査役は１人で調査を行うことができるわけですから、その分、ガバナンス補強の効果が強いといえます。

第二は、『**監査等委員会型**』です。このタイプでは、監査等委員の取締役が３人以上で『**監査等委員会**』を構成します。その過半数は会社としがらみのない『社外取締役』です。監査等委員会は、委員以外の取締役に対する監査権限と一定の監督権限を持って活動します。『**一定の監督機能**』とは、委員以外の取締役の選任、解任、辞任、報酬について株主総会で委員会の意見を述べる権限を持っていることをいいます。『**指名・報酬に関する意見陳述権**』といいます（342条の2第4項、361条6項）。役員を指名し、解任し、その報酬を決定する権限は経営トップのパワーの源泉です。そこに対してモノ申す権限を監査等委員会が持っているわけです。

ただし、監査等委員は独任制ではありません。委員会単位で行動します。調査するときも、意見陳述権を行使するときも、委員会で選ばれた監査委員が行うことになっています。

監査等委員会型の良いところは、監査役と違って『一定の監督機能』を持つ点です。『監督』という言葉には、成長経営を促すことも含まれています。が、委員会単位で行動する点で、緊急調査の必要がある場合などは委員会で委員を選ぶ手続きが必要で、その分だけ大変です。

第三は、『**3委員会型**』です。法律上は『指名委員会等設置会社』と呼ばれていますが、『3委員会型』と呼ぶほうが、指名委員会・報酬委員会・監査委員会と3つの委員会があることがくっきりとわかるので、私はこの呼び方をしています。3委員会型の会社では経営陣として『**執行役**』が置かれ、取締役会決議をもって執行役に大幅に権限を移譲することができます。その代わり、3つの委員会が執行役を指名・報酬・監査と3つの方面からガバナンスするという体制です。監査等委員会型では指名報酬についてモノ申すにとどまりますが、3委員会型では指名委員会、報酬委員会が決定権そのものを持っているのです。

監査委員は独任制ではなく、委員会単位で行動します。その点では監査等委員と同じです」

ここまで話すと、佐々木弁護士はボトルのままミネラルウォーターを少し飲んだ。

「社外取締役」の必要性

❖ガバナンス力は解職力

「しかし、どのタイプの会社でもコーポレートガバナンスはなかなかうまく機能しませんでした。監査役型でも、監査等委員会型でも、3委員会型でも、同じように企業不祥事は起きています。検査不正を行ったいくつかの会社は監査役型でしたが、大規模な品質偽装事件を起こした会社は監査等委員会型でした。また巨額不正会計を起こした会社は3委員会型でした。そこで、ガバナンス補強手段を工夫することも必要だが、『取締役会そのもののガバナンス力をアップさせることを検討すべきではないか』という気運が、改めて強まってきたのです。

そのガバナンス力アップの担い手こそが『**社外取締役**』なのです！」

佐々木弁護士は一段と声を張り上げた。〝ここが今日の山ですよ〟というメッセージだ。

「社外取締役がガバナンス力アップにつながる理由の第一は、取締役会が経営トップを解職できる基盤となるからです。現状、取締役会の構成メンバーの大半が『副社長』『専務』『常務』など業務執行者の立場や、『部長』『工場長』など従業員の立場を兼務しておられます。つまり、この図の右にあるピラミッドのなかに取締役自身が組み込まれているわけです。業務執行者は社長の統率を受けますし、従業員は社長の指揮命令下にあります。そうだとすると、取締役会の場に来て急に『経営トップである社長をガバナンスせよ』と求められても、なかなかできるものではありません。

さきほど百貨店社長解任事件のお話をしましたが、社長以外の取締役たちは『皆の力で百貨店を救おう』と事前によく準備はしていたのです。それでも実際に『社長解任の動議！』が出たとき、すぐに『賛成』と叫んで起立できなかった取締役が複数いらっしゃったとのことです。

その点、社外取締役は経営陣とはしがらみのない人が選ばれるように厳重に法定されています。社外取締役であれば、公平、冷静にトップを評価し、対応することもできます。そこで、会社法は、監査役会のある公開・大会社で有価証券報告書の提出義務のある会社には、社外取締役を少なくとも1人置くことを義務付けています（327条の2）。CGS生命さんの手紙が会社法を引用しているのはそのためです。

取締役会のガバナンス力とは突き詰めれば**『経営トップを解職できる力』**です。そうだとすれば、1人では足りません。当社で現状6名の取締役中、お2人が社外取締役でいらっしゃるのはそうした理由だと思います」

佐々木弁護士のこの言葉に智田社長は大きくうなずいた。〝自分が暴走したときは、自分に辞任をせまり、最後には解職できるボードにしたい〟。智田社長の思いもまさにそこにあった。その思いで2人の社外取締役を招聘してきたかいがあった。深い感慨が智田社長の顔に現れていた。佐々木弁護士は智田社長の顔を見てほほ笑み、少し間を置いてレクチャーを続ける。

「東京証券取引所をはじめとする証券取引所は、会社法の社外取締役の要件をさらに絞り込み、少数派株主の利害への配慮が期待される取締役として**『独立社外取締役』**という制度を定めています。伊藤さんも山本さんも独立社外取締役でいらっしゃいます。取引所が定める**『コーポレートガバナンス・コード』**、私は『CGコード』と呼んでいますが、同コードは『プライム市場上場会社は……少なくとも3分の1以上、その他の市場の上場会社は2名』『必要と考えるプライム市場上場会社は過半数、その他の市場上場会社は3分の1以上』の独立社外取締役を選任すべきとしています（原則4-8）。経営トップに対する解職力イコール取締役会のガバナンス力だとすれば、ある程度の人数割合で社外の取締役が必要です。

ＣＧＳ生命さんは、『現状、独立社外取締役の割合が3分の1基準を充たしているのに、営業本部長である花戸氏を取締役に選任すると、せっかくの3分の1を下回ってしまうではないか。それはガバナンスの観点から認めがたい』と言っているわけです」

❖ 世間の風を取り入れる

「社外取締役が必要な理由はもう1つ、あります。それは『世間の風を取り入れること』です。株主さんは世論だと言えるのです。全国規模で見ますと、株主数の97％は個人株主で、その人数は5千万人を超えています。重複を考慮しても日本の人口の半分近くがどこかの会社の株主さんなのです。当社の株主さんも5千人を超えていらっしゃると存じます。みなさんソフィアの製品に惚れ込み、『おいしい笑顔、豊かな心』という経営理念に共感を持って株主になってくれているのです。その株主さんのご意見は『世論』に匹敵します。何をどう感じ、何を求めておられるのか、よく耳を澄ませて聞かなければいけません。ところが、社内出身の取締役ばかりで取締役会、ボードを構成していると、『身内同士の話』になってしまいます。以前、ホテルがバナメイエビを『芝エビ』とメニューに表示していたことが景品表示法違反に該当するとして措置命令を下されたことがありました（「ホテル食材偽装事件」13・10・22公表）。あのとき業界関係者のコメントで『業界ではバナメイエビのことを芝エビと呼ぶんですよ！』というのがありました。業界では常識と思っていても、世間から見れば非常識ということは少なくありません。

その点、バランス感覚、常識、良識に満ちた社外取締役がいてくれれば、取締役会に世間の風を取り入れることができます。そして……」

佐々木弁護士はここで言葉を切った。しばらくの沈黙のあと話が再開された。

「その**『世間の風』**というものが、いま、刻々と変化しています。その代表は**『企業の社会的責任』**（**CSR**。Corporate Social Responsibility）という考え方です。企業は収益を上げて株主に配当することばかりを追求するのではなく、社会に貢献することも考えろ」というものです。あるアパレルメーカーの東南アジア現地工場で『児童労働』や『長時間労働』が行われていたことが発覚し、不買運動にまで発展しました。その出来事に端を発し、世界中で企業は事業を展開するときは人権保護の姿勢を忘れてはいけないという声が高まりました。

動きは人権保護ばかりではなく、環境保護、資源保護にも広まりました。私は今日でもCSRは企業の基本理念であるべきだと考えています。

その後、『リーマンショック』などをきっかけに、『企業はCSRなど立派な理念を掲げているだけでは足りない。ガバナンスがしっかりしていなければならない。そうした企業に投資しよう』という動きが、機関投資家の間で出てきます。環境のE（Environment）、社会性のS（Social）、それにガバナンスのG（Governance）の3つがしっかりしている企業を選んで投資するというもので、『**ESG投資**』と呼ばれています。最近では経営者の側でも、こうした投資姿勢に応えるべく、E、S、Gを大事にするということで、『**ESG経営**』を理想として掲げる方が増えています。

さらに、気候変動対策です。国際連合は2015年、地球人が生き残っていくための目標として、気候変動対策、資源保護、人権保護など17の項目を、『**持続可能な開発目標／SDGs**』（Sustainable Development Goals）というタイトルで公表しました。2020年10月、日本政府は『2050年までに温暖化ガス排出量をゼロ』とすると発表しています。化石燃料から再生可能エネルギーへの切り替えなど、いま世界は気候変動対策に本気で動き出しています。企業もこの動きに呼応していて、『サステナビリティ経営』と呼ばれています。

以上のような動きは機関投資家にも直接に及んできています。『**機関投資家**』とは個人投資家や契約者の出したお金を預かって投資し、運用、管理する組織のことです。保険会社、投資信託、信託銀行、年金基金などがこれに当たります。かつては配当金や売買利益が見込める企業に投資してさえいれば良かったのですが、いまは、ガバナンスがしっかりしていて、環境保護、人権保護などにもきちんとした経営姿勢を持っている会社に投資しなければならないということです。

しかも、投資するだけではなく、その投資先としっかりと対話して、より良い事業活動に導くようにしようという動きになっています。金融庁によって機関投資家向けに『**スチュワードシップ・コード**』が定められています。『スチュワード』とは財産管理人という意味ですが、ここでは機関投資家のことです。同コードは機関投資家に対して『投資先企業との建設的な「目的を持った対話」』を行うことを要請しています（原則４）。今回のＣＧＳ生命さんの手紙に『スチュワードシップ・コードが求める「対話」の一環として』とあるのは、そのことを意味しています。皆さまがお感じになったとおり、正面から誠実にご回答することが必要です。

以上で私のコーポレートガバナンスに関する話は終わりです。最後に少しだけ私の意見を述べさせてください。

コーポレートガバナンスとは『暴走する経営トップを解職できるか』『どこまで世間の風を取り入れられるか』という、きわめて現実的な問題です。ですから実質が大事で、必ずしも社外取締役の人数や取締役会での構成比という形式的な基準で決められるものではないと思います。２００１年にアメリカで、エネルギー卸の大手企業が、利益水増し、債務隠しで経営破たんしたのですが、実は、取締役17名中15名が社外取締役でした。それも大学教授、金融トップ、大企業の元トップなど、錚々たる人々が名を連ねていたのです。それでもトップを監督できませんでした。

当社の場合、2名の独立社外取締役がいらっしゃいます。元バンカーの伊藤さんも、消費者問題の研究者である山本さんも、いずれも適正経営を志向される智田社長の強いご意向によって就任いただいたとうかがっております。ボードでの発言状況、さまざまな示唆など、お二方が当社のガバナンスに対して実質的に発揮しておられる状況を、ＣＧＳ生命さんにご理解いただければ良いと思います。

では、私の話はこれで終わりとして、あとは質疑応答といたしましょう」

佐々木弁護士は話を締めくくった。

５　質疑

佐々木弁護士のレクチャー内容について考え込んでいるためか、役員は黙り込んでいた。

「では、最初に議論を整理するため、私から智田社長にうかがいます。花戸さんを取締役候補に選ばれた理由は何ですか？」と、佐々木弁護士が質疑の口火を切った。

「花戸さんは……」

智田社長が話し出した。

「当社のなかで一番、消費者に近い距離にいる人だからです。販売代理店や小売店を回って消費者のクレーム、意見などを直接に一身に受け止めているのは花戸さんです。

４年前、製造過程のなにかしらの不具合で、いつもの自慢の味が保たれていない、おいしくない製品ができてしまったことがあります。そのとき、生産部門は『多少味は劣るが、製品自体に問題はない。対応の必要はない』と言い張っていたのです。けれども花戸さんは『断固リコールしよう。さもないと〝おいしい笑顔、豊かな心〟という経営理念が泣くぞ！』

と言って、リコールを断行したのです。規模的には小さなケースでしたが、私は、そのときの花戸さんが身をもって示した、**消費者第一**の志に打たれました。その姿勢を直接に取締役会に反映させてほしいのです」

「すばらしいじゃないですか！　そのまま、ＣＧＳ生命さんにご説明されれば良いですよ。そうした方がボードに入ってこそ企業価値は向上すると」

佐々木弁護士は感動の眼差しを智田社長に向けながら言った。花戸は智田社長が４年も前のエピソードを覚えていてくれたことを知って胸が熱くなった。

「それに……」

と智田社長は付け加えた。

「花戸さんは相手が誰であろうと、信ずることはズバリと直言するんです。それも候補者とした理由です」

「すみません！」

花戸が謝ると一同、明るく笑った。ＣＧＳ生命への説明について自信が生まれた証だった。

6　CGS生命との面談

その2日後、渡辺専務は、CGS生命の吉田社長を訪ね、1時間ほどかけて、智田社長のガバナンスに対する情熱、伊藤・山本両社外取締役のボードでの存在意義、実際の発言状況など、ガバナンスへの貢献、花戸の「消費者第一」の情熱と行動力について、エピソードを交えて懇切ていねいに説明した。その結果、吉田社長は、

「わかりました。コーポレートガバナンスを本当に実現したいという貴社の姿勢はよく理解できました。これで私どもも契約者に対して自信をもって説明できます。その花戸さんという方の『消費者第一』の姿勢は、私どもも学びたいくらいです。来る株主総会では、花戸さんを新任取締役として選任する件について、快く賛成票を投じましょう」

と約束してくれた。

話を聞いた花戸は、花戸を取締役に選任してもらうことに向けて、経営陣が総力で取り組んでくれたことに感謝する気持ちでいっぱいになった。気づかせてくれたCGS生命の吉田社長にも感謝したかった。

〝それにしても、取締役になるということは、これほどに重いことなのか〟

花戸は、株主総会で取締役に選任されることの重さをつくづくと噛み締めた。今まで渡辺専務や佐藤常務たちが取締役として選任される姿を横で見ていて、株主総会を単なる『セレモニー』としてしか認識していなかった自分を恥じてもいた。

＊　＊　＊

6月の株主総会当日、花戸が早々と会場に入ろうとしたとき、突然、数人の株主たちに呼び止められた。

「花戸さん！　取締役になるって聞いて、飛んできたのよ」

「がんばってください！　楽しみにしています」

25年前、花戸が新任店長だったころ一緒に働いていた元店員たちの懐かしい顔がそろっていた。退職金で株主になったのだという。総会では「議決権行使書面」といって、会場に足を運ばなくても書面投票ですませる方法もある。にもかかわらず、みなわざわざ出向いてくれたのだ。

花戸は感動で思わず涙ぐみそうになった。〝株主総会っていうのはセレモニーじゃないんだ〟と、肌身で感じた花戸であった。

第4話 いざ、取締役会

――「経営判断原則」とは何か

1 M&Aの審議

7月になった。今日行われる7月の定例取締役会は、花戸にとって形のうえでは2度目だが、実質的には初めての取締役会といえる。

6月の株主総会が終了した直後に行われた取締役会は、智田取締役を代表取締役に選定し、取締役会議長としたあと、智田を社長に、渡辺を専務に、佐藤を常務に選定する件がトントンと決められたほかは議論もなく、すぐに終わってしまった。「善管注意義務」の6文字を脳裏に焼き付けて「新任取締役」として意気込んで参加した花戸にとっては、あっけないほどだった。

しかし、今日は違う。アジェンダの「審議事項3」という欄には「プロジェクトの件。資料は席上配布」としか書かれていなかった。機密保持上、中身を書けないほど、何やら重要な事柄らしい。

〝今日は本格的な審議をすることになりそうだ〟

花戸は会議室に入ったときから肩に力が入っていた。

工場設備改修の件、就業管理体制見直しの件など審議事項の1と2が順調に審議されたあと、智田社長の声のトーンが変わった。穏やかだが重々しい口調だ。

「では、審議事項の3『プロジェクトの件』を審議します。アジェンダには『プロジェクトの件』とだけ書いておきましたが、**「山口ショコラ」の事業をすべて譲り受ける件**です。

本審議事項については、生産本部長の田中取締役から説明と提案をお願いします。取締役会でご審議いただくのは今日が初めてですが、田中取締役は山口ショコラのオーナーである山口さんとは極秘で何度も協議を行ってきております。田中取締役としては、本日、譲渡手続きの出発点である『**覚書**』の締結について、取締役の方々のご了解をいただきたいとのことです。

その後、事前調査である『デューディリジェンス』を経て、OKであれば本契約の『**事業**

譲渡契約』を締結することになります。『事業譲渡契約』を締結する際には、また改めて取締役会を開催し、決議いただきます。

こうした場合、『覚書』『デューディリジェンス』までは担当者が進めておき、最終の『事業譲渡契約』締結の段階になって初めて取締役会にかける会社が多いそうです。情報管理とインサイダー取引防止のためです。しかし、私は早い段階から取締役、監査役のみなさんに知っていただき、十分にご検討いただきたいと考えています。そこで今日の段階で審議することにしました。というわけで、情報管理にはくれぐれもご留意ください」

智田社長はみなを見まわしてから、「それでは、田中取締役、どうぞ」と促した。

智田議長の言葉を受けて田中取締役が背筋を伸ばした。

戦略目的

「お手元の資料をご覧ください。『株式会社山口ショコラ』は、ご存知の方も多いと思います。当Ｆ県内で生チョコの専門店を15店舗ほど展開しております。若い人たちの間で、『おしゃれで高級な手作りチョコレートの店』として大変な人気を呼んでいます。店の前にはいつも行列ができていて、開店と同時に売り切れる状況です。『贈答品の決定版』とまで言われているそうです。その山口ショコラから、2か月前、コンサルティング会社を通じて、当社に事業譲渡の打診がありました。

本件の事業を譲り受ける戦略目的は2つあります。

第一に、山口ショコラの生チョコ職人さんたちの腕前です。『ショコラティエ』というらしいですが……。フランスで修業したオーナーの山口さんから徹底指導を受けており、業界でも有数の『生チョコ製造技術』を持っている人たちです。その職人さんたちの技術やノウハウを獲得して、わが社のビスケット、クッキー製造技術と総合すれば、強い競争力を持つ新製品をどんどん企画でき、相乗効果が大いに期待できます。

山口ショコラの技術力を何としても獲得したい。生産本部長としての私の願いです。

第二に、山口ショコラの販売店15店舗を獲得することができます。これにより当社は直販販売組織を備えることになります。アンテナショップとしての活用も期待できます。今後のわが社の事業展開に厚みが出ます。消費者の好みや細かなニーズに関する情報を、直接手に入れることができるのです。こうした営業面の強みは花戸営業本部長にもご理解いただけるものと思います。なお、譲受方法としては一切合切を引き受ける『株式買取り』ではなく、譲受けの対象をいちいち選り分けできる『事業譲渡』の方法を選択しました」

田中取締役は「生産本部長」という製造責任者の立場にいるだけに、山口ショコラの技術力とブランド力に相当に惚れ込んでいるようであった。花戸にしても、直接の販売組織を持てることは嬉しい。それに、いまのソフィア製菓のブランド力に「山口ショコラ」の、おしゃれで高級なイメージを加味することができれば、営業力を一段とパワーアップできる。花戸は〝そうだ、営業本部のなかに『山口ショコラ事業部』を作ろう！　その部を直轄で部長を兼務してもよい〟と思った。「山口ショコラ事業部長」の名刺を持って営業に飛び回る自分の姿が頭に浮かぶ。

それにしても、と花戸は思う。「事業全部の譲渡を受ける」というのは、他社の事業を「買い取る」ということだろう。すると、これが「**企業買収**」「**M&A**」というやつだ。だとすれば、風間が言っていた『委任の本旨』を実践できるように気合を入れて検討しなければ！　花戸は思わず膝の上でこぶしを握った。

買収価格

「買収予定価格は、6億円です。資産価値3億円、のれん3億円として買収予定価格を6億円と算定しました」

〈サンコープロジェクト〉

のれん 3億円	買収価格 6億円
資産価値（純資産） 3億円	

田中取締役はホワイトボードに図を描きながら説明を続ける。

「6億円の内訳をご説明いたします。まずは資産価値についてです。山口ショコラが保有する資産を時価評価した『**純資産**』が3億円です。同社が保有する資産は、15の店舗および関連設備がすべてであり、その固定資産としての価値が3億円です。評価は、お手元の資料に記載してありますように、定評ある監査法人2法人にお願いして、それぞれ算定していただきました。

山口ショコラ側も独自に専門家に評価してもらったそうです。両者の平均値を採っております。生チョコ専門店として見ると、店舗設計、機能、冷蔵・冷凍施設、設備、立地、いずれをとっても申し分のないものであり、合理的な算定と思っております。

次に、『**のれん**』を3億円としました。『のれん』というのは無形の顧客吸引力のことで、**信用力**、**ブランド力**、**ネームバリュー**、**名声**のことです。山口ショコラには30名の生チョコ職人の方々がいます。フランスで修業してきた山口オーナーの下で厳しい修業を積んできた人たちで、一人ひとりが『カリスマ職人』と言っておかしくないほどの腕前を持っています。この『山口の生チョコ』の熱心なファン層の存在、それにこの地域には他に強力なライバルがいない状況もあります。そういった状況を総合して、相当額の『のれん』の価値が存在すると考えました。

そこで、この点も先の監査法人２法人にお願いして、それぞれご意見を賜ったところ、両法人とも、**『のれんの価値は３億円であり、償却期間は10年が妥当である』**とのご意見でした。山口ショコラが依頼した専門家のご意見も同じです。理由は今の技術力による顧客吸引力が今後、10年間は続くと判断されるからだとのことです。

『償却』は、のれんによる顧客吸引力は毎年少しずつ減ってゆくという前提で行います。毎年、減価償却を規則的に行うことになります。償却期間10年ですから、毎年３億円の10分の１、つまり３０００万円ずつ償却していくことになります。

説明は以上です。ぜひとも、ぜひとも！　前向きにご審議いただきたく、お願い申し上げます。

詳しくは、お手元の**『サンコープロジェクト覚書案骨子』**と題する起案書と添付資料をご覧ください。なお、本件は極秘扱いとなっておりますので、情報管理は十分にお願いいたし

サンコープロジェクト覚書案骨子

1．**譲渡対象**：サンコーが有する生チョコレートの製造販売に関するすべての事業（店舗を中心とする関連資産、ノウハウなどすべて）を当社が譲り受ける。負債は含まない。資産については、別途、目録を作成する。

2．**譲渡代金**：6億円を目処とする。デューディリジェンスを踏まえてさらに協議調整のうえ確定する。

3．デューディリジェンス：本年7月末～8月の予定で行う。
サンコーはデューディリジェンスに対して真実義務を持って協力する。

4．**従業員**：当社は、サンコーのチョコレート職人30名全員、および20名の事務員の全員を引き継ぐ予定。事業譲渡方式なので、本人の個別的な同意が必要。

5．**事業譲渡契約**：デューディリジェンス終了後、事業譲渡契約の具体的な条項を協議する。本覚書を締結することは、事業譲渡契約の締結を義務づけるものではない。

6．**守秘義務**：双方とも、交渉中も交渉期間終了後も秘密を守る。

7．**商号**：引き継がない。譲り受け後は「ソフィアの生チョコ」の表示で事業展開する。

8．**競業禁止**：サンコー、およびその代表取締役は、締結後20年間は日本国内では本件譲渡対象となった事業を行わないことを前提とする。

9．**事業譲渡契約**：本年9月＊＊日とする。

＊株式会社山口ショコラ
資本金　5,000万円
代表取締役社長　山口太郎（50歳、父親が設立した会社を承継、拡大。フランスでチョコレートを用いた菓子、デザート製造の専門技術を学ぶ）
年商　20億円（5年分の計算書類を添付）
従業員　50名、うちショコラティエ（チョコレート製造職人）30名（各店舗2名配置）
譲渡対象事業　15店舗で展開する生チョコレートの製造販売事業

＊添付資料
2監査法人と相手方監査法人による、資産、のれんの評価意見書、過去5年分の計算書類

ます。ちなみに『サンコー』とは山口を音読みにしたもので、本件のプロジェクト名です」

軽い笑い声が起きた。

「ご了承いただければ、早急に『覚書』を締結して、さらに『デューディリジェンス』に進みたいと思います」

〝サンコー〟が受けたのが嬉しかったのか、田中取締役は満足そうに話を締めくくった。花戸は、手元の起案書と添付書類に目を通す。

2 質疑

事業譲渡の手続き

「では、資料もお読みいただいたようですから、質疑に入りますか」

智田社長が議事を進めた。

「あの、本件は株主総会にかけなくてもよいのですか？」

花戸は思い切って聞いてみた。素朴な質問すぎてみなに笑われるかもしれないと思った。

でも、佐々木弁護士がレクチャーしてくれた「株主重視経営」の理想からすれば、われわれ取締役会だけではなく、株主さんの意向を確認することが大切だと思ったのだ。

「その点はご心配要りません。事業譲渡の価格が、当社の純資産額の5分の1を超えないときは株主総会にかけなくてもよいと会社法で決められている（468条2項）とのことです。**『簡易の事業譲渡』**というそうです。本件の買収予定額はいまのところ6億円であるのに対して、当社の純資産額は約350億円で、5分の1は70億円です。ですから本件では総会決議は必要ないことになります。その点は佐々木先生にも確認済みです」

田中取締役が答えた。

事業譲渡によるM&Aの流れ

「もう1つ。『覚書』って、もう買収契約を締結するのですか？　取締役会として、というより私としては、いまプロジェクトの件を聞いたばかりで何の検討もしていません。あと、『デューディリジェンス』とは何をするのですか？」

花戸はさらに質問した。たぶん「デューディリジェンスも知らないのか？」とあきれられるだろう。けれども、知らないことはためらわずに聞くのが花戸の良いところだ。

「『**覚書**』というのは最終の事業譲渡契約を結ぶための前提となる契約です。これまでのようなトップ同士だけで行う会談ではなく、両社ともスタッフを出して本格的に事業譲渡の交渉を進めましょうというときに締結するものです。

『覚書』の意義は、第一に、全体のスケジュールを決める点、第二に、デューディリジェンスに誠実に協力してもらい、情報提供や説明にあたってうそをつかないという『**真実義務**』を負うことを約束してもらう点にあります。最終の『事業譲渡契約』を結ぶための『仮契約』のようなものとお考えください。

デューディリジェンスをして検討した結果、『このプロジェクトはやめた！』と、最終の『事業譲渡契約』を締結しない可能性も十分にあるわけです。そのとき相手方から『譲渡契約を結んでくれると言ったではないか！』と抗議を受けないように、覚書には『覚書を締結したからといって、本契約、つまり事業譲渡契約を締結することまで約束するものではない』という条項を入れることにしています。仮契約であることを確認する条項です」

田中取締役がすっきりと説明した。そうか、「覚書」は本格的に交渉をスタートさせるための仮の契約であり、最終の正式契約ではないのだ。〝だったら、タイトルも「仮契約」にすればよいのに〟と、花戸は思った。

「次に、『デューディリジェンス』とは『覚書』を締結した後に、本格的に事業譲渡契約の締結に向けた交渉を進める過程で、当方が、相手方の資産価値やのれんの価値、売上状況などについて、経営、コンプライアンス、法務、財務など各方面から詳細に実態を調査することです」

田中取締役が続けて説明した。

これから本格的な調査をして、事業譲渡契約の締結に向けて検討をするわけだ。「デュー」は正しいという意味で、「ディリジェンス」は勤勉ということだ。だから、事業譲渡など、M&Aを行うときに、当社側、つまりはわれわれ取締役たちがなすべき「正当な努力」がデューディリジェンスなのか……。

花戸は自分なりにそう理解した。

「山口ショコラ」の名前は使う？ ――商号の続用

「あのう、私も『山口ショコラ』のファンの1人なのです」と山本久美子取締役が口を開いた。

「事業譲渡を受けた後、『山口ショコラ』という名前は使わないのですか？　もし名前が消えてしまうとしたら山口ショコラのファンの人たちは悲しむと思います。山口ショコラは、本当にフランスで修業した人でなければ出せない、ヨーロッパの味わいです。その名前は、特に若い人たちの間に浸透しています。せっかく当社に加わっていただくなら、『山口ショコラ』という名称も使うべきだと思うのですが」

「おっしゃる点はすごく悩んだのです」

田中取締役は眉を八の字にして、〝苦しみました〟の顔で説明を始めた。

「弁護士の佐々木先生のご指摘によると、**『商号の続用責任』**といって、事業譲渡を受けた当社が、会社名を正式に山口ショコラに変えると、当社が引き継がなかった山口ショコラの債権者に対しても弁済する責任が生じるそうです（22条1項）。山口ショコラは実質的に個人営業でしたから、話題に上っていない債権者たちもいる可能性があります。その債権者たちが『名前を引き継ぐなら、債務も引き継げ』と当社に請求してくることになります。

もちろん、当社は定款を変更して『ソフィア』の社名を『山口ショコラ』に変えるわけではありません。けれども、営業活動で実際上、『山口ショコラ』という名前を使い続けると、同じような理由で、勘違いした山口ショコラの債権者さんから弁済を迫られてトラブルになる可能性が出てきます。そこで、悩みに悩んだ挙句、本件の目的は職人さんたちの腕前と店舗の獲得であるという出発点に戻り、名前は引き継がないと決めたのです」

「すると、当社に『山口ショコラ事業部』を作ってその名前で営業活動を行うこともダメですか？」

花戸はとっさに聞いた。さっき浮かんだアイデアがしぼんでゆく。

「残念ですが、トラブルのもとになりますので。ただし、『事業を引き継いだので、山口ショコラのカリスマ職人さんが作っているんですよ！』と言うのは、本当のことだから言ってよいそうです」

田中取締役も本当に残念そうだ。

「名前が消えるのは寂しいです……」

山本取締役は悲しそうな表情で発言し、少し間を置いて念を押すように言った。

「山口ショコラの味と風味はぜひ、保ってくださいね」

「頑張ります。そのための事業譲渡です。張り切っています！」

田中取締役はきっぱりと言い切った。

事業譲渡と売主の今後

「ところで、山口ショコラの事業は生チョコの製造販売だけでしょう。事業を全部売り払ってしまって、オーナーの山口社長は、あとはどうされるおつもりなのだろうか？」

智田社長が独り言のように発言した。トップとして相手オーナーの心情が気にかかるのだろう。

「30人のプロを育てあげ、15もの店舗を軌道に乗せたことで自分の使命は一段落したと感じておられるようです。ちょうど50歳になられたということで、ここで一区切りして、別の仕事をしたいと言っておられました」

田中取締役の答えに佐藤常務が

「まさか、またどこかで生チョコの事業をしようということはないでしょうね？」

と切り込むように聞く。

「聞くところによると、お父様から譲り受けた不動産をかなり持っておられるので、アパート賃貸事業をしたいということです。法律上、『競業の禁止』といって、事業譲渡をした会社は、20年間は近隣の地域内では競業を禁止されています（21条）。さらに、本件の事業譲渡契約では山口ショコラと山口社長ご自身について、『当F県を含めた6県での競業を禁止する』という条項を入れる予定ですから、その点の法的プロテクトは大丈夫です」

田中取締役が落ち着いて答えた。法務部の井上誠部長や佐々木弁護士とも十分に検討していたのだろう。

人材の確保

「サンコープロジェクトは、生チョコの技術獲得が大きな目的ですね。つまり、生チョコづくりの職人さんたちが要です。どんなに良い店舗だって、職人さんたちがいなければ無意味でしょう。その点、職人さんたちが、事業譲渡でこちらに移ってきてくれて、ずっと居てくれることが非常に重要です。職人さんを含めて従業員の人たちの意向はどうなのでしょうか？」

渡辺専務が慎重な口調で尋ねた。花戸も同じことを聞きたかった。

「その点は生産本部を預かる私としても、一番大切なことだと思っています。これまでの事前協議でも山口社長に、何度も何度も確認しました。山口社長は、『うちの職人さんたちもソフィアさんのグループに入れれば大喜びするに違いないですよ』と請け合ってくれています」

答える田中取締役に対して、今後は花戸が質問した。

「山口社長さんはそうおっしゃるかもしれませんが、職人さんたち自身がそうおっしゃっているのですか？」

「いや、まだトップシークレット段階ですから、私も山口社長と話しているだけで、職人さんや他の従業員たちから直接に聞いているわけではありません」

田中取締役の回答を聞きながら、花戸は、技術獲得の目的でＭ＆Ａをしても、買収後、技術者たちが大量に退職してしまう最悪のストーリーもありうるなと思った。デューディリジェンスではぜひその点を確認してもらいたいものだ。

デューディリジェンスの進め方

議論を聞いていた智田社長は、

「手続きを先に進めるとしても、渡辺専務や花戸取締役が心配されるように、人材の確保がウエイトを占める事案ですから、デューディリジェンスでは、職人さんたちへのヒアリングなど、従業員たちの在職意思の確認に重きを置いて行うべきですね」

とコメントした。花戸もわが意を得た思いであった。

田中取締役は、

「ですが、社長、今の段階で従業員たちに直接にヒアリングするのは難しいと思います。当社は上場企業です。今回の事業譲渡は規模こそ大きくはありませんが、それでも、『ソフィア製菓があの人気生チョコ会社から事業をすべて獲得するらしい』という話が世間に知れたら、あっという間に噂になり、株価への影響が出てきます。特にサンコーは若い人に大人気の専門店ですから、ネットに書き込みでもされれば大騒ぎになります。山口社長が『請け合う』と言っておられるのだから、それを信頼すべきです」

と、少し消極的な口調で発言した。すると佐藤常務が、

「いや、ヒアリングも工夫次第でしょう。職人さんのリーダー格の方、一般従業員のリーダー格の方など、ごく少数の方を選んで、『他言無用』と誓約してもらって、早い段階で極秘にヒアリングするのです。プロジェクトを進めてよいかの判断には、その確認は欠かせません。われわれ取締役の善管注意義務としてその調査は絶対にすべきだと思います」

とコメントした。常に冷静な佐藤常務らしい指摘であった。

「今日の段階で覚書に調印するのはよいとしても、今の点は、守秘誓約書をいただくなど、

方法を工夫して職人さんや従業員の方々の意向を確認することが必須ですね」

と智田社長。

「私からもお願いします！」

思わず花戸も声を上げていた。花戸も担当業務上、製造に携わっている人たちのプライド、気概を実感として知っている。〝事業譲渡があったんですか、はいわかりました、ではソフィアに移籍いたします〟というほど人の心は単純ではない。みな山口社長の愛弟子ではないか。

そのとき、伊藤取締役が持ち前のよく通る声で提案した。

「どうでしょうか。事業譲渡契約を承認する前に、一度『中間報告』の形で生チョコの職人さんや従業員の方々の意向を、概略でよいから調査、確認いただいて報告していただくというのは。私も、職人さんを含めて従業員の方々のご意向はぜひ、確認しておいたほうがよいと思います」

元銀行家として「人こそが企業の財産である」と知り尽くした人の意見であった。

「賛成です。ぜひ中間報告をいただきましょう」

渡辺専務が言った。流れを聞いていた智田社長は、

「わかりました。では、8月の定例取締役会の前に、臨時取締役会を開催して、職人の方々、従業員の方々のご意向をできる範囲で確認してご報告いただき、あわせて店舗資産等の財務デューディリジェンスの進行状況もご報告いただくということにしましょう。今日の段階で、覚書に調印することはご了承いただいた、ということでよろしいですね」と会議をまとめた。

智田社長の言葉に一同、異議はなく、賛成した。花戸も中間報告をぜひ聞きたい。何しろ「6億円」という、ソフィアにとってはビッグ・プロジェクトだ。賛成したあげく、万一うまくいかなければ、自分にも取締役としての責任が生じてくるではないか。

3 「経営判断原則」とは何か ——風間弁護士の話

経営判断原則

「決断するときの注意点?」

風間はおでん屋「澄っこ」のテーブルで、おでんの湯気の向こう側から言った。夏冬問わず、おでんで一杯というのが風間流である。まあ、冷房の効いた店でおでんも悪くはない。

「役員としての守秘義務があるから、中身は言えないが……」

花戸は「役員としての守秘義務」と言うとき、ちょっとばかり誇らしい気分になった。

「あるプロジェクトがあってね。近く、経営上の決断をしなければいけないのだよ。風間から教えてもらった善管注意義務とか、あと、『経営判断原則』だったか。課題が出たら話してやると言ってくれたよな」

「うん、なんかよくわからないが、『決断を前に迷う花戸取締役』ということだよな。なかなか、ドラマチックな雰囲気でいいじゃないか」

と風間は笑いながら、話し出した。

「取締役は、経営上の決断をするときは、①調査と、②会議と、③合理性。この3点を押さえておくべきであり、その3点をクリアーしておけば善管注意義務違反に問われることはない、という原則があるのだ。**『経営判断原則』**、または**『ビジネスジャッジメントルール』**と呼ばれている。日本の裁判実務でも確立されている考え方だよ」

❖取締役は結果責任ではない

「取締役の責任の本質について、ある判例は『取締役の経営判断が結果的に会社に損失をもたらしたとしても、それだけで取締役が必要な注意を怠ったと断定することはできない』と言っている（「証券会社事件」東京地裁93・9・16判決）。つまり、取締役の責任の本質は『**結果責任ではない**』ということだ。それはそうだろう。仮に取締役の責任が『結果責任』で、職務上どんなに注意していても結果が思わしくないときは常に賠償責任を負わされるというのでは、誰も取締役にならないよ、こわくて。それでは企業活動を基本とする経済社会が成り立たなくなる」

「本当だ、結果責任とか言われたら、俺だって取締役就任承諾書に捺印しなかったよ」

❖経営判断のプロセスで行うべきこと――「充実した調査」

「それでは、『結果』ではなくて、何が大切なのかというと、『**プロセス**』なんだよ。取締役として経営判断を行う、その時点、その時点でやるべきことは、キチッとやっておかなければならない。何をやるべきか、知っておくことだ。

その点について、さっきの判例は、『経営判断の前提となった事実の認識について不注意な誤りがなかったか、また、その事実に基づく意思決定の過程が通常の企業人として著しく不合理なものではなかったか』の2点から判断すると言っている（前掲判決）。明快だろ？」

「うん……何を言っているのか、よくわからない」

花戸はうめいた。

「そうか。判決文は、誰が読んでも誤解しないように、注意深く言葉を選んで書くからね、普通の人が読むと、すぐにはわからないかもしれない」

風間は前置きして続けた。

「第1点の、『事実認識の不注意な誤り』がないことが必要とは、要するに、ビジネスジャッジメントに当たっては**『充実した調査』**を行えということだよ。たとえば、ある会社を支援する決定を下すとき、その会社がとんでもない簿外債務を抱え込んでいる事実を見落としていたとか、ある会社を買おうとするとき、その会社が悪質な法令違反をしている事実を見落としていたとか……」

「会社を買おうとする」という風間の言葉に思わずドキッとしながらも花戸は、

「では、『充実した調査を行った』と言ってもらうためには、どうしたらよい？」

とさらにたずねる。

「サンコープロジェクト」で、生チョコ職人さんなど従業員が事業譲渡後、本当にソフィアに来てくれるだろうか。その点を確認することが、風間の言う「事実認識」の問題だろうと花戸は感じた。

「普通要求される調査をきちんと行うこと。それに尽きるね。あとになって、『こういう調査もやっておくべきだったんじゃないですか？』などと言われるようではだめだ。一般に要求される調査はきちんと行った、調査はしたが、ある事実を見抜けなかったというのなら、それはそれで仕方がない。法律は不可能を強いるものではないからね。

それと、調査の一環として専門家の意見を聞くことも必要だ。最近の判例では、弁護士の意見を求めたことが充実した調査の裏付けとなるとしたものが出ている（「不動産会社事件」最高裁10・7・15判決など）」

そこまで話すと風間は、「亜美ちゃん！　お酒をもう1本」と日本酒のお代わりを注文した。

「よい事例がある」

風間は言葉を続けた。

「あるゼネコンが『ゴルフ場経営』という新規事業に進出したが、損失を出して撤退した。

そのことが『取締役の経営判断ミスだ』とされて、代表訴訟で訴えられたのだ。そのとき、裁判所は、ゼネコンの取締役たちが、ゴルフ場開発の経済環境、立地条件、環境問題、パートナーの信頼度について事実調査をしていた事実を指摘したうえで、これらの調査を行っていたので善管注意義務違反はなかったと判断している（「ゼネコンゴルフ場事件」岐阜地裁97・1・16判決）」

「なるほど、普通なら行うような調査をきちんとやっておけばよいのだな」

うなずきながら、花戸は、やはり生チョコ職人さんたちがずっとソフィアで働いてくれるのかの確認は絶対に必要だなと強く感じていた。デューディリジェンスのなかで、プロジェクト・チームが職人の人たちにヒアリングを行い、その結果について報告書を出してくれるだろう、それが決め手だなと花戸は思った。

待てよ、プロジェクト・チームが作ってくれた報告書をそのまま信頼してよいのだろうか。取締役は自分自身でヒアリング調査まで行う必要はないのか？

❖「信頼の権利」

「その『事実調査』というのは、取締役が自分自身でする必要があるのかな？」

「おっ、結構、真剣に考えているんだな！」

風間弁護士は目をきらりと光らせたが、すぐにいつもの笑顔に戻って話を続けた。

「そのことについては、判例がある。ある銀行で追加融資をするかどうかを決める際に、銀行の取締役たちは、部下に融資先の事業の将来性について詳細な報告書を出させていたのだ。裁判所は『部下の上げてきた報告書は、取締役はこれを適正な報告書として**信頼することが許される**』と言ったのだ（「リゾートホテル追加融資事件」東京地裁02・4・25判決）。つまり、取締役は、部下の報告書を信頼してもよい、仮にその報告書を基に経営判断をしたところ報告書が間違っていたとしても、部下の報告書を信頼したことが、そのまま善管注意義務違反にはならない、と言うのだよ。

ただし、『信頼の権利』という言葉が曲者だ。要するに信頼しても必ずしも非難されないという基本ルールであるにすぎない。報告書に一見して明らかな間違いがあるときは取締役のミスになる。また、そもそも信頼できる部下であるかが問題だ。確かな報告書を作成できるような、信頼できる部下を育てるのも取締役の任務の1つになってくるな」

こりゃあ、なかなか大変なルールだと花戸は感じた。

❖「充実した会議」

「で、もう1つの『その事実に基づく意思決定の過程が不合理ではなかった』とかいうポイントの意味は？」

花戸はさっきよくわからなかった言葉について聞いた。

「それは、充実した調査で集められた情報に基づいて決定を行うに際しては、『十分な検討プロセス』を経ることが必要だという意味だ。資料はガッチリ集めました、けれど集めた資料をろくに見もしないで、結局のところ直観で判断しました、っていうのでは話にならないからね！」

風間は笑いながら説明する。

「検討プロセスの典型は『検討会議』だろ。だから『**充実した会議**』の原則と言ってもよい。さっきの『証券会社事件』では、経営上のメリット、デメリットを分析した結果が専務会に報告され、会議の結果、決断が下されている。その点を裁判所は指摘して、『意思決定の過程に、著しい不合理があるとは言えない』と言っている。検討会議の代表格で最も重いのは、もちろん取締役会だよ。だが、経営戦略会議とか常務会とか、そういったすべての会議が大切なのだ」

「それで、合わせて『**調査と会議の原則**』か！」

「そのとおり。さすが、花戸は飲み込みが早い」

風間はお世辞ではないよという表情を浮かべた。

「一応の合理性」

「さっき、確か経営判断原則は3つあると言ったよな、もう1つあるんじゃないのか」

「よく覚えているな。そのとおり。もう1つある。それは、充実した調査、充実した会議の結論が、『**一応の合理性**』を持っていることが必要だということだ。まあ、念のための要件だけれどね。たとえば、『充実した調査を行い、その情報を基に充実した会議を行いました。けれど、その結果、突拍子もない結論になりました！』ということも、まったくありえないわけではないよな。そうした事態を防ぐための要件とも言える」

「なんだ、当たり前のことじゃないか」

花戸は少し白けながら言った。

「そうとも言い切れない。われわれ弁護士が集まって

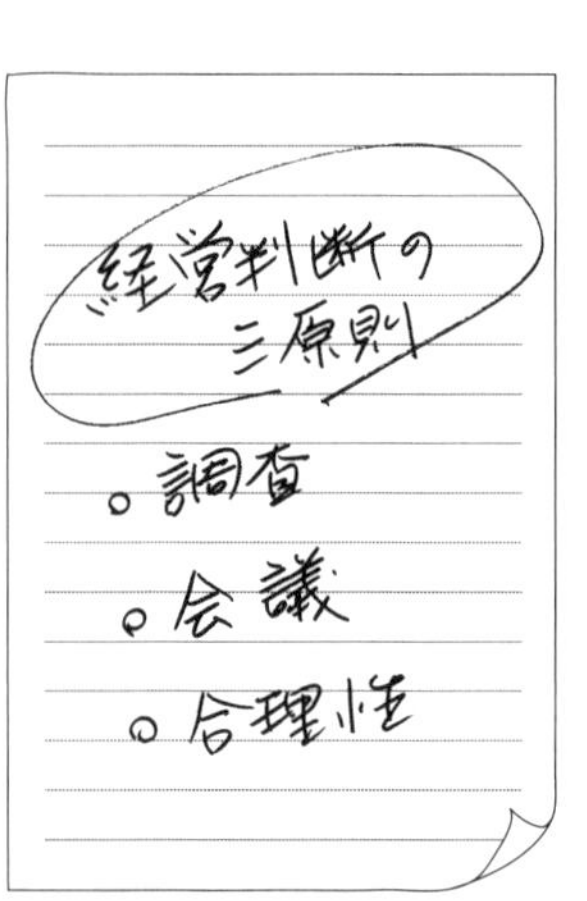

形式的な法律論だけで議論していると、結論として、一般の人が聞いてびっくりするような結論が出ることもある。同じように、業界の専門家である取締役たちが集まって、徹底議論した結果、一般の人が聞いてびっくりするような結論が出ることだって、あるだろう？」

「なるほど、それで『**調査と会議と合理性**』の三原則というわけだな。メモしておくよ」

花戸は言いながら三原則を手帳に書き留めた。

先日の取締役会で、山口ショコラの従業員の人たちの意向を確認して、中間報告をしてほしいと決議したのは、「調査と会議と合理性」の原則どおりだったのだ、と花戸は改めて納得した。

監査役の活用

「1つ、経営判断原則を守ろうとするときの秘訣を教えてあげるよ」

風間がもったいをつけて言った。

「それは、監査役を活用することだ。『経営判断』について言えば、取締役会での監査役の任務は、取締役が経営判断原則を守って、『調査と会議』のプロセスを踏んでいるか、結論が『一応の合理性』を持っているかを見守ることなのだ。

取締役自身はいくら三原則がわかっていても、現実の『経営』を背負っている。どうしても結論を急ぎたくなることが多い。厳しい競争社会で生き残るためには、『迅速な決断』もまた、望まれるところだからね。花戸が今抱えている『プロジェクト』が何かはわからないが、一刻も早く結論を、という声も当然あるだろう？」

花戸は「ぜひとも、ぜひとも！　前向きにご審議いただきたく……」と祈るように提案していた田中取締役の顔を思い出した。

「そういうときに、半歩下がって、取締役の判断プロセスを冷静に見守れるのは監査役だ。監査役が、取締役が適正な判断プロセスを行うように支えれば、結局のところ会社として適正な経営判断の選択肢を選択できる。それにより、取締役も善管注意義務をまっとうできるのだからね。俺は、監査役は『会社の守護神』だと思っている。だから、経営判断がなされる場面になったら、

『監査役、これで調査と会議と合理性の原則を満たしていると言えますよね？』

と確認を求めるのだよ。そうすれば、監査役も気を引き締めて、経営判断を見守ってくれるはずだ」

花戸は佐々木弁護士もレクチャーで「監査役は会社の守護神だ」と言っておられたなあと

思い出した。監査役に対する理解がぐんと深くなった気がした。

反社会的行為と経営判断原則

「あと、多少ギャグめいた話だが……」

と風間は付け加えた。

「『反社会的行為』には経営判断原則は適用されないからね」

「どういうことだ？」

「贈賄、談合、カルテル、不当な利益供与といった『反社会的行為』には経営判断原則は適用されない、ということさ」

風間が大きい声で「贈賄」「談合」などというので花戸は冷や冷やした。「澄っこ」の隅っこで「贈賄、談合」と大声で話すやつがいるか？

「考えてもみろよ」

風間はかまわず笑いながら言った。

「議長が、『では役員会を始めます。審議事項の1は〝県知事への贈賄の件〟です。贈賄することのメリットデメリットを徹底調査分析し、十分に議論したので、ご了承いただけますか』なんて、ありうるか？」

「それはないだろう！」

花戸もつられて笑い出した。

「ところが、そう笑い話でもない。ちゃんと判例もある。ある贈賄事件で弁護側が贈賄で売上も上がったと主張したところ、裁判所が『贈賄のような明白な犯罪のための支出は会社のためという意識があっても会社の損害となり、役員に賠償責任が生じる。（中略）会社のためなどという弁解は、およそ許されるべきではない』と反論を認めなかったというものだ（「ゼネコン贈賄事件」東京地裁94・12・22判決）。」

記録の保存

「もう1点。経営判断原則を守って判断したのだということを証明する記録を取っておくことだ」

風間はだいぶいい機嫌になりながら言った。

「俺は一度、ある代表訴訟の裁判で、検討した会議の議事録がなかなか見つからなくて、苦労した経験がある。取締役は自分の身を守りたかったら、記録を保存しておくことだ。もともと『ドキュメント』という言葉は、『自分が正しいと証明する』という意味だそうだからね」

「大変なことだなあ。一体いつまで保存すればよいのだ」

「取締役の会社に対する責任の消滅時効期間は、損害の発生から5年だ。取締役会の決定に基づくアクションが行われて、そのことが原因で損害が発生するのはいつのことか、わからないからなあ。まあ、半永久的に保存したほうがよいだろうなあ」

風間はこともなげに言った。弁護士は会社で毎日のように出る膨大な記録類について想像が及ばないのか。

「電子データにしておけばよいではないか」

花戸の心を読んだように風間が言った。

「『**記録がわが身を守る**』、か。面倒な世の中だ」

「面倒と言うなよ。きちんとした筋論と証拠で世の中が動く。それこそ、理想的な『**司法社会**』だよ。裏取引や暴力で世の中が動く『アンチ司法社会』と比べてみろ、はるかにいいぞ。ビジネスの最前線にいる『花戸取締役』が弱音を吐いてはいけない」

声を張り上げたあと、風間は空のコップを持ち上げながら一気に亜美ちゃんのほうを向いた。

4　臨時取締役会

7月末、臨時取締役会が開催された。議題は「サンコープロジェクト中間報告の件」。

「で、職人さんや従業員の方々のご意向はどうでしたか？」

智田社長は開会宣言すると、単刀直入に田中取締役にたずねた。

「はい。覚書を締結後、ただちに従業員50名のリーダーである清水直人(しみずなおと)さんという方に『守秘誓約書』を作成していただいたうえで、従業員の意向確認をお願いしました。清水さん自身もチョコレート職人です。

清水さんは、『おそらく、一般の従業員20名はソフィアに移籍することについて異存はないだろう』ということでした。ただし、『30名の職人さんたちは、それぞれ腕に覚えがあるから、簡単には言えない』とのことでした」

田中取締役は清水氏の誓約書を取締役会の出席メンバーに配りながら説明した。

「そこで、話を迅速に進めるため、一般従業員の方々、生チョコ職人の方々に、それぞれ一堂に集まってもらい、一度に意向を確認していただくようにお願いしました。情報管理のためには五月雨式にするよりはよいと思ったので」

「それは的確な進め方でしたね。結果はどうでしたか？」

智田社長が聞いた。

「結論として、全員が移籍を受け入れることになりました。事業譲渡の発表までの『守秘誓約書』も全員からいただきました」

田中取締役は50名分の誓約書のファイルを示しながら答えた。

「『結論として……』というのは、もめたケースもあったということ？」

心配症の佐藤常務が聞く。

「はじめは生チョコ職人の７名ほどが、『少し答えを留保したい』と言っていたそうです。理由はまだ山口社長から技術を十分に学びきっていないということでした」

「どうなった？」

佐藤常務がさらにたずねる。花戸も気になるところだ。

「清水さんが、『今まで学んだことをもとに、自分たちで切磋琢磨していこう』と７名の職人さんたちを説得してくれました。その結果、７人も移籍に同意し、『守秘誓約書』も提出してくれたのです。これで50人全員がそろったことになります」

田中取締役の報告を受けて、

「それでは、以上のご報告について、ご意見、ご質問は？」

と智田社長が発言を促した。

「その7名を含め全員から、当社に移籍するについての『確約書』はいただけるのですか？」

花戸が聞いた。意向は確認したかもしれないが、どうしても確かな保証が欲しい。

「もちろんです。次回の8月定例取締役会までには、全員から移籍の同意書をいただける予定です」

「人材確保の点は、大丈夫そうですね。資産評価の点はどうですか？」

智田社長が議事を進めた。

「その点は、当社が依頼している監査法人2社を中心に、徹底したデューディリジェンスを進めております。今のところ、特に前回お示しした価格算定を変えるような事象は見つかっておりません」

田中取締役の答えに満足したように智田社長は、

「それでは、本日の中間報告を受けるための取締役会は、以上にて閉会ということでよろしいですね。田中取締役、ご苦労様でした」

と議事を締めくくった。

これが「調査と会議」なのだ。初めて体験するビジネスジャッジメントの現場に、当事者として参加していることに、花戸の心は、かつて味わったことのない充実感で満たされていた。だが、自分勝手に満足しそうになったとき、花戸はある重要なことを思い出した。瞬間、花戸は、

「監査役の方々、これで、充実した調査を行い、充実した会議も行い、結論も合理性があると言えますよね？」

と声を上げていた。風間が教えてくれた「調査と会議と合理性」の経営判断の三原則と監査役の活躍だ。

「もちろん！　調査は適切でしたし、中身のある会議も行われました。結論は、製菓会社として生チョコ専門の技術と店舗を獲得するのですから、十分に合理的です」

斉藤監査役が緊張しながらも、力強く答えた。

風間よ、ありがとう。花戸は心の中でつぶやいていた。

5　8月の定例取締役会

8月の定例取締役会では、田中取締役から、デューディリジェンスの結果が報告された。生チョコ職人30名全員、一般従業員20名全員から移籍についての「確約書」が得られたとのことであった。資産評価についても、変更はなかった。

その結果、山口ショコラから事業譲渡を受ける「**事業譲渡契約書に調印する件**」が、正式に取締役会で承認可決された。

「経営判断」が正式に下された瞬間であった。

広報部は、「ソフィア製菓、山口ショコラの事業を獲得へ。15店舗と30名のショコラティエ（生チョコの専門職）と従業員20名を引き継ぎ、技術・ノウハウをそのまま承継し、『ソフィアの生チョコ』として成長に弾みをつける」というリリースでマスコミ発表を行った。

その後、事業譲渡は滞りなく進み、その結果は、9月の第2四半期決算で、資産目録に従って有形固定資産として3億円が、無形固定資産のれんとして3億円が、それぞれ計上された。

この時点では、山口ショコラのM&Aは何の問題もなく順調に進んでいたのだった。

第5話　お菓子袋の小さな穴

——安全確保義務

1　9件のクレーム

今日は9月14日。9月も中旬となるのに暑い日が続いていた。冷たいウーロン茶で一息入れている花戸に、お客様相談室の松本香織(まつもとかおり)室長から連絡が入った。緊張した声だ。

「当社の新製品ビスケット〝ソフィーちゃんのママ〟の袋に『ごく小さな穴が開いている』というクレームが9件ほどあったんです。生産本部長の田中さんが花戸さんにもぜひ来てほしいとおっしゃるので、ご連絡しました。いまから第一会議室で対策検討会を行いたいのですけれど」

とのことであった。

花戸の「品質第一」「消費者第一」の徹底した姿勢は社内で知れ渡っている。生産本部長の田中取締役が自分を呼んでくれた、その配慮が花戸は嬉しかった。

〝ソフィーちゃんのママ〟は今年の6月から販売を開始した製品である。1袋に3枚の大型カントリー風ビスケットが、1枚ずつフィルムに挟まれて入っている。ビスケットはしっとりとしていて手づくり感あふれる仕上がりだ。賞味期限は製造後6か月に設定してある。発売以来グングン売上を伸ばしていて、月間売上は6月で6万袋、7月で9万袋を計上し、8月は10万袋を達成したらしい、という勢いだ。ソフィア製菓は、将来は山口ショコラから獲得した生チョコ技術を組み合わせて「手作りの生菓子」を強調したバリエーションも考えている。花戸も自信をもって卸の各社に薦めている商品だ。

2　状況報告

花戸と松本室長が第一会議室に入ると、すでに田中取締役、管理本部長の渡辺専務、井上法務部長が集まっていた。社長は緊急の用件で外出中とのことであった。

「で、状況はどうなのですか？」

花戸は田中取締役にたずねた。

「〝ソフィーちゃんのママ〟の袋に穴が開いているというクレームが最近になって９件入ったのですよ、大変なことかもしれない。松本室長、もう一度詳しく報告してください」

と田中取締役はお客様相談室の松本室長に促した。

「最初のクレームは７月５日です。市内の主婦から『ソフィ・ママの袋が……』、あ、〝ソフィーちゃんのママ〟を短くして、お客様はそう呼んでいらっしゃるらしいです。その袋が『いつもに比べて妙にぺしゃっとなっているので、よく見たら、袋の中ほどで折れ線が入っていて線の上にごく小さな穴が開いている。衛生上、大丈夫ですか？』というお問い合わせがあったのです。同じような問い合わせが７月だけで他に２件、８月に６件ありました。全部で９件です。すべて不具合品をお送りいただ

き、お詫びの手紙を添えて正常品をお送りしています。これが送られてきた不具合品です」

と松本室長は〝ソフィーちゃんのママ〟の袋を示しながら言った。なるほど、搬送の過程で生じたのか袋にしわが入り、その線の上にごく小さな穴が開いている。よほど注意して見ないと見つけることはできない小さな穴だ。

「ピンホールというのですが、物流過程で荒っぽく扱われたり、他の商品とこすれたりすると、たまに樹脂製の袋に小さな穴が開いてしまうことがあるのですよ」

と田中取締役が引き取って説明した。

「出荷検査は、いつもどおりにしていたんですよね」

と花戸は田中取締役に確認する。

「もちろん、検査機器を使って検査しています。出荷後の物流過程で生じたとしか考えられません」

「袋は外部に製造委託していましたね。製造委託先はなんと言っているんですか？」

渡辺専務が聞いた。

「ソフィ・ママの袋の製造委託先は『木村包装』です。木村包装に問い合わせたところ、『製造システムの設定ミスで、今回納品した30万袋のすべてが、柔らかさに欠ける樹脂を使用して製造してしまった』とのことです。『硬めの素材になったために、耐屈曲性や耐摩擦性が弱くなり、物流段階で多少荒っぽく扱われると、状況によっては、しわが入ったり摩擦を受けたりで、ごくまれにピンホールができてしまうおそれがあります』と木村社長が自分で報告してきました。その30万袋が６月からの製造出荷分すべてに使われています」

「その報告は製造委託先が自分の過失を認めるものですから、大至急、報告書の形で文書にしてもらっておきましょう」

と井上法務部長。法務担当者らしい発想だ。

９月にすでに出荷した３万袋も硬めの素材である。ソフィア製菓は残った２万袋をただちに廃棄し、ほかの包装容器メーカーに至急、袋の製造を打診している。

「中身のビスケットは１枚１枚フィルムで挟まれているだけで、それぞれは密封されていません。つまり、小さな穴が開いているということは、雑菌が空中から侵入して繁殖し、最悪、食中毒も起きる可能性があるということですよね。そのような商品をお客様に売ることはできないですよ。商品回収するしかないですね！」

花戸は一気に言った。

「でも、すべての袋が不具合なのではなく、乱暴に扱われたとき、ごくまれに穴が開く程度ですよ。実際、現時点ではどこからも健康被害の報告はないのです。なのに、すぐにリコールというのは……」

と田中取締役が反論する。生産責任者としての正直な意見だ。

「決定を急ぐことは確かだ。社長が戻られたらすぐに夕方からでも緊急会議をしましょう。リスク管理に関する事柄だから、佐々木弁護士にも大至急、来ていただくようお願いしてください」

渡辺専務がまとめた。

3 緊急役員会の開催

とりあえず集まれるだけの役員が集まるということであったが、夕方、斉藤監査役を除くすべての役員が集まった。社外の伊藤・山本両取締役までも駆けつけてくれた。井上法務部長、橋本広（はしもとひろし）広報部長、松本お客様相談室長、佐々木弁護士も出席している。社長が緊急会議の開会を告げた。

「社外の役員の方々、佐々木先生もお忙しいところ本当にありがとうございます。当社の

〝ソフィーちゃんのママ〟という袋入り大型ビスケットで、7月5日以降、現在まで9件、包装の袋にきわめて小さな穴が開いているというクレームがありました。その件で商品リコールをすべきかどうかを決めたいと思います。取締役の善管注意義務という法的観点、私たち食品会社の社会的責任という観点から見てどうすべきかを検討します。ここに消費者の方から送られてきたクレーム品の現物があります」

「早速ですが、現在までに出荷されたのは何袋ですか？」

佐々木弁護士は切り出した。

「28万袋です。木村包装さんから4か月分の見込みで30万袋を納品してもらいました。そのほとんどを出荷用に使い切りました。残った2万袋は廃棄しました」

田中取締役が答える。花戸にとって〝ソフィーちゃんのママ〟は将来期待の商品であり、その出荷数量は常に頭に入っていた。

「PPMという指標があります。100万の製品中で不具合品がどれだけ出るか、事故がどれだけ起きるかを計る指標です。28万袋中の9件ですから、9÷28万×100万で、不具合率が32・1PPMになります。数字としては要注意ゾーンに入っています。ただ、あくまでピンホールの確率で、事故そのものの確率ではないですからねえ」

と、佐々木弁護士は考え込んだ。

「では、先生、議論はのちほどするとして、いま問われているわれわれ役員が果たすべき法的な注意義務について教えてください」

智田社長は冷静にたずねる。

4 「安全」に関する取締役の注意義務 ——佐々木弁護士の話

「わかりました。手短に取締役の注意義務についてお話しします。取締役は『善良なる管理者の注意義務』、略して『善管注意義務』を負っています。そして監査役は、取締役がきちんと善管注意義務を尽くしているかをチェックする義務を負っています」

佐々木弁護士は話し始めた。どれも、花戸が親友の風間弁護士から教えてもらった言葉だ。

取締役の「リスク管理義務」

「取締役が善管注意義務を問われる主要な場面は、『経営判断義務』と『リスク管理義務』の2つです。『経営判断義務』は経営上の判断を行うには適切な手順を踏んで、慎重に検討せよということで、『経営判断原則』というのがあります（112頁参照）。『リスク管理義務』とは、会社に降りかかるすべてのリスクから会社を守る義務です。リスク管理義務のなかでも、顧客や消費者の安全、従業員の安全、地域社会の安全、取引先の安全などを守る『安全確保義務』は最も重いものです。現代は『安全・安心第一』の世の中です。

安全に対する世間の要求は強まるばかりです。全役員は最優先でこれに応える必要があります。今みなさんが問われているのは、この『安全確保義務』です」

取締役の刑事責任

「安全確保義務に反するとどうなるか、整理してお話しします。

仮に、この安全確保義務に違反して実際に被害者が出たときは、極端な場合、役員が刑事責任に問われるおそれがあります。２０００年に、乳業会社の生産した牛乳で、約１万４０００人の被害者が出る食中毒事故がありました。工場長などが、業務上のミスにより人に健康被害を生じさせたとして『業務上過失致傷罪』に問われました。が、それだけではなく、実は警察当局は『社長』をも、業務上過失致傷罪で立件しようとしたのです。健康被害が出ていると知りながら、早く世間に公表せず、被害の拡大を防止しなかった、その点に刑事責任があると警察は考えたのです。

結局、検察官が起訴しなかったので刑事裁判にまでは発展しませんでした。しかし、会社の製品がもとで被害が発生した場合、役員が刑事責任を問われる可能性を示した重要な先例と言えます。

乳業会社の社長は事故発生中の報告を受けてから約11時間経過してから『わが社の牛乳を飲まないでください』と公表しています。報告受領から発表まで約11時間。その間に58人の人々がその会社の製品を飲んだことが確認されました。そこで、警察は58人に対する業務上過失致傷罪が成立すると考えたのです。

私はこのケースを思い出すたびに身が引き締まります。企業として消費者を守る義務はそこまで厳しいものだと。

また2005年にガス湯沸かし器を使っていた青年が一酸化炭素中毒で死亡した事件では、10年5月11日、元社長や品質管理部長が『業務上過失致死罪』で有罪とされています（「ガス湯沸かし器事故」東京地裁10・5・11判決）。それまでに数件の死亡事故があり、事故を予測することは可能であったこと、販売していたショップに注意を促して事故を防止することは可能であったことが有罪の理由とされています。

本件でも、このきわめて小さな穴が放置されていて、雑菌繁殖につながり、実際に被害者が出たとした場合、役員の方々が刑事責任を追及される可能性がないとは言えません」

佐々木弁護士はシリアスな面持ちで話を続けた。

取締役の会社に対する民事責任

「さらに、対処を怠ったり遅れたりしたことで、実際に食中毒などの事故が起きたときは、被害者に対する損害賠償責任が発生したり、レピュテーションリスクが現実化して売上が低下したり、行政当局から改善命令が出たりして、会社にさまざまな損害が出ることになります。その損害は取締役、およびその怠慢を見逃した監査役が賠償しなければなりません。

その教訓となった判例があります。食品メーカーで、行政の認可を受けていない食品添加物が製品に混入しているのではないかが問題になりました。多くの役員たちは無認可の添加物が混入しているとは知らなかったのです。が、一部から指摘があったのです。『食品添加物』は製造委託先が企業秘密で使用しているので委託元にはわからないことが多いようですね。この会社は調査委員会を設置して調査しました。調査の結果、『無認可の添加物が加えられていた』と取締役会で報告されたのです。けれども、取締役会はすぐに対処方法を決めなかった。その結果、保健所の立入検査が行われ、報道もされ、レピュテーションに傷がつきました。裁判所は、『食品の安全性の確保は、食品会社に課せられた最も重要で基本的な社会的責任である。万一安全性に疑問のある食品を販売したことが判明した場合は、ただちにこれを回収するなどの措置を講じて消費者の健康に障害が生じないようにあらゆる手立てを尽くす責任がある。(安全性への疑問が)判明した時点でただちにその販売を中止し、在庫を廃棄し、その事実を消費者に公表するなどして販売済みの商品の回収に努めるべき社会的責任があった』と述べています。役員たちは会社に対して賠償責任を負うことになりました(「無認可添加物事件」大阪高裁06・6・9判決)。混入を知っていた一部の役員には巨額の賠償が命じられています(大阪高裁07・1・18判決)。

本件のご検討にあたっては以上のような法的リスクを考える必要があります。とりあえず、私の話は以上で終わります」

佐々木弁護士は話を終えた。

5　質疑と検討

株主代表訴訟

「先生、質問があるのですが」

田中取締役が手を挙げた。

「民事賠償で会社に責任を負うかもしれないということですが、『会社』といっても賠償請求するかどうかを決めるのは、ここにいる私たち役員ですよね。私たち役員がこの中の誰かの責任を追及すると決めなければ、実際のところ、請求も裁判も起きないのではないでしょうか？」

「確かに、会社自身が会社の役員の責任を追及するというのは、これまではあまり考えられないことでした。そうした場合に備えて、会社法には『責任追及訴訟』という、株主が会社に代わって、会社のために任務怠慢の役員を訴える制度を用意しています（８４７条）。一般には『株主代表訴訟』と呼ばれます。仮定の話ですが、本件で実害が出たとして、その原因が取締役の怠慢やそれを見逃した監査役の責任だということになれば、株主代表訴訟もありえます。当社も上場している以上は、多くの株主さんたちがいらっしゃるわけで、株主代表訴訟の可能性は常に心に留めておく必要があります」

「先生は、今『これまでは』と、断って話をされました。何か意味がおありですか？」

渡辺専務が聞いた。

「ええ、今の世の中は役員同士が『かばい合い』『なれ合い』をすることを許しません。取締役に職務怠慢があると思われるのに、会社として責任追及をしないでいると、『追及しないこと、それ自体が職務怠慢だ』と株主さんから厳しい批判を受けることになります。

株主総会で『最近の新聞に載っていた不祥事で、担当役員は責任を取ったのか？』と質問されることも考えられます。そうした株主からの批判を考慮して、最近は会社自身が率先して役員の責任を追及するケースが増えています。かつて、リコール隠しと言われて話題となった自動車会社は、会社自身が元社長を含む元取締役7名に対して『リコール対応に問題があった』として損害賠償を求める裁判を起こしました。2007年、裁判所の勧告のもとに元取締役らと和解になっています。また、損失隠しで有名になった精密機器メーカーも現旧の取締役、監査役たちを提訴しています。

何か事件が起きたら、会社みずから速やかに責任があると判断される役員に損害賠償の請

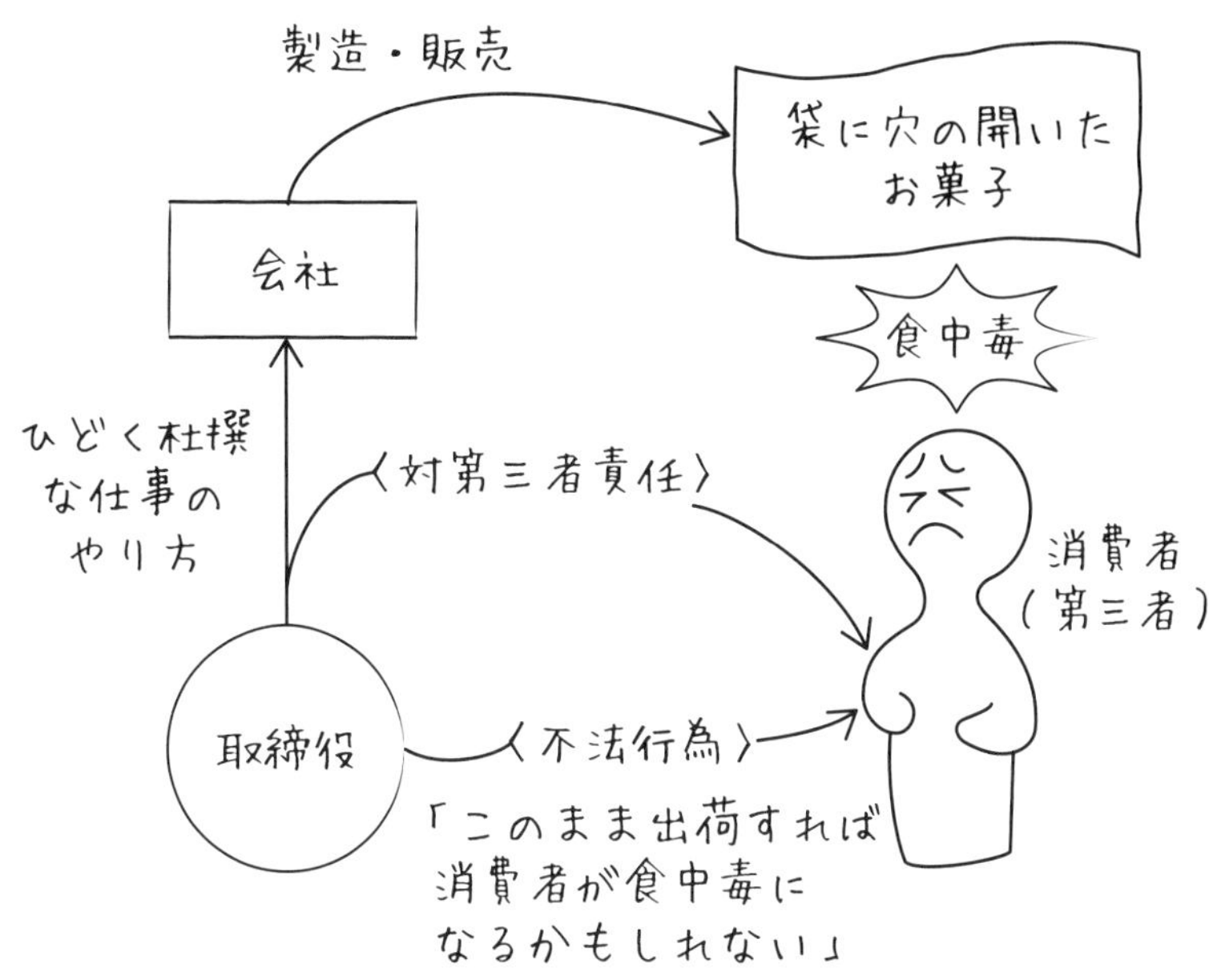

求を行って和解するなど、きちんと法的に解決をしておく必要性が、今後、ますます増えると思います」

取締役の第三者に対する民事責任

「仮に本件で実害が出たとして、役員が被害者から直接に訴えられることもあるのでしょうか？」

佐藤常務が事務的な問題を詰めておきたいといった雰囲気で佐々木弁護士に質問した。

「ありえます。取締役が、『このまま出荷すれば消費者が食中毒になるかもしれない』と予測できるのであれば、ただちにリコールなどの対処をしないと消費者に対する『不法行為』が成立することになります。

もう1つ、会社法には、『役員の対第三者責任』という特別な規定があります（429条1項）。役員が責任を負う相手は基本的には『委任契約』の相手である会社です。が、ごく例外的に、役員がひどく杜撰な職務執行を行っている場合、法的には『悪意・重過失』というのですが、そうした場合は、会社以外の『第三者』に対しても責任を負わされるという制度です。消費者も『会社以外の人』ですから、責任を負わされる可能性はあります。

言いながら、佐々木弁護士はホワイトボードに図を描いた（145頁参照）。

「本件で言えば、取締役としてはリコールを実施するのが適切な職務のあり方であったのに、これを怠り、それがひどく杜撰な対応だったと言われる状況があった、という場合ですね」

「法令」と「コンプライアンス」

「リコールは製造販売に法令違反がある場合に限るのではないですか？」

リコールに消極的らしい田中取締役が佐々木弁護士に挑むようにたずねた。佐々木弁護士は落ち着いて答える。

「食品衛生法に『健康を損なうおそれのある容器包装を使用してはならない』という規定が

ありますね（16条）。本件は包装袋にきわめて小さな穴が開いているものがまれに見られるという現状です。それが『健康を損なうおそれのある容器包装』に該当するかどうかです。穴の開いている蓋然性がポイントです。本件では報告されているのは28万袋のうち9袋です。穴が開いていたとしても、そこから雑菌が入り、食中毒などに結びつく確率はさらに下がるでしょう。それらを全体として考えて『健康を損なうおそれのある包装』に該当するかを判断するのですが、微妙なところです。

ただし、私はたとえ厳密には法令に抵触しなくても、消費者に対する『客観的な危険性』が若干でもあるならリコールする姿勢が必要だと考えます。

この問題は『法令とコンプライアンス』の関係をどのように理解するかと関連します。『法令』とは、もしそれに違反したら刑事罰を科せられたり、民事の損害賠償責任を負わせられたりする、人や企業が守るルールの、ギリギリの最低ラインを決めたものです。**『法令は最低限の道徳だ』**という格言があります（ドイツ公法学者ゲオルグ・イエリネックの言葉）。

これに対して『コンプライアンス』とは『消費者・従業員・社会・株主など、企業を取り巻く多くの人々の期待に応える』という意味です。現に英語の辞書を引くと『Compliance：人の願いなどをすぐ受け入れること。親切』（『新英和中辞典』（研究社、第7版、２００３年））

と書いてあります。コンプライアンスは法令よりもレベルが高いルールです。

本件では、コンプライアンスとして、『安全性を確保してほしい』という消費者の期待に応えるにはどうすればよいのかが問われています」

危険性の判断

「お話はよくわかりました。本件のポイントは、ピンホールができる蓋然性がどの程度あるのか、そこから雑菌繁殖などが起きる可能性がどの程度あるのか、要するに消費者に対する危険性についての客観的な判断にあるというわけですね」

智田社長が重みのある声で言った。花戸は「消費者に対する危険性」という言葉に刺激されて思わず話し出した。

「本件では、包装容器メーカーの『木村包装』がシステムの設定ミスで軟質性に欠ける素材を使用してしまった点が決定的だと思います。たまたまレアケースで、ある袋だけは素材の配合を間違えてしまったというならともかく、納品された30万袋すべてが軟質性に欠けていたのです。そうだとすれば、物流段階で粗雑に扱われてシワでも入れば、そこからピンホールができてしまいます。もしリコールしないとすれば、今後、9月分ロットが売り切れるまで、物流でていねいに扱ってくれるように毎日祈るしかありません。それでは、お客様に信頼されて今日までやってきたソフィア製菓のブランドが泣きます」

花戸はどどっと一気に話した。

「仮に本件が裁判所で裁かれるとして」

と佐々木弁護士は花戸の言葉に応じて言った。

「本件の包装用袋が、現時点でシワが入り、折れ線のところで穴が開いてしまう可能性がどの程度か、という客観的な事柄が一番問題になるでしょう。その点、花戸さんがおっしゃるとおりです。それに今年は9月中旬なのに異常に暑い。その危険性も考えなければ」

「私も花戸さんの意見に賛成です」

と、山本取締役が真剣な面持ちで付け加えた。

「『ソフィママ』は小さなお子様たちにとても人気があるんです。保護者の気持ちからすれば、たとえ百万分の一のリスクだろうと、回収してほしいです。消費者の気持ちを大事にすべきだと考えます」

包装会社の過失と当社のリコール義務

「私は納得がいきません！」

田中取締役が叫ぶように言った。

「私は、全神経をすり減らす思いでわが社の品質管理をやってきました。包装用袋だって、ピンホール検査機器を使用して徹底的に検査をしてきました。本件の袋だって出荷段階までは何の問題もなかったのです。製品自体には何の問題もないのです。

それが、たまたま木村包装が軟質性に欠ける素材を使った、たったそれだけのことで、わが社がリコールしなければいけないなんて、納得がいきません。包装容器会社が世間に公表して謝って、包装容器会社の責任においてリコールしたらいいじゃないですか！」

花戸は、品質管理にかける田中取締役の生産本部長としての日ごろの仕事ぶりを知っているだけに、その気持ちはよくわかった。佐々木弁護士も田中取締役の気持ちはわかるがという表情で答えた。

「おっしゃるとおり、本件の原因は包装会社にあります。

けれども、〝ソフィーちゃんのママ〟は、あくまで当社の製品として、当社のブランドで世間に出しているのです。法的には、製造業者とは『製造、加工、輸入した者』とされています（製造物責任法2条）。消費者に対する責任は当社にあるのです。袋メーカーやお菓子の原料メーカーは、いわば製造に際しての当社のパートナーで、社会に対しては『身内』です。身内の責任関係は別として、消費者の人々の矢面に立つのは、あくまで当社なのです」

製造委託先への求償権

「……そうですか。でもリコールするとしても、木村包装に責任は取ってもらえるのでしょうね。システムミスで不適切な素材を使ってしまったと。井上法務部長のアドバイスでミスの経過について報告書を作成してもらい、署名捺印もあります」

田中取締役の問いにさらに佐々木弁護士が答える。

「もちろんです。指定と違って、軟質性に欠ける素材を使用したのですから、包装材の製造委託契約上の善管注意義務違反が成立します。むしろ、製造委託先の責任をきちんと追及しないと、みなさんが取締役、監査役として義務違反になってしまいますよ。

たった今から、本件処理にかかるすべての費用について、領収書など、損害額を証明する資料を保存してください。対応に動員される人々の人件費も損害額に入れます。すべてのリコール費用は当社がとりあえず負担しますが、あとで木村包装に賠償してもらうことになります。『求償権』と言いますが、リコールをするのであれば、そのことは今後、常に念頭においていてください」

決断

「以上のところで、検討は尽きたようですね。28万袋で9袋に不具合が生じたという事実は無視できません。リコールに踏み切りましょう！　よいですね、みなさん」

佐々木弁護士の言葉のあと、やや間をおいて智田社長が決断を下した。誰も異論はなかった。

「それでこそ、食品会社としての社会的責任を果たすことですよ。立派な決断です」

「ほっとしました」

社外の伊藤取締役、山本取締役が感動の面持ちで口々に思いを述べた。

6　リコールでなすべきこと

そのとき佐藤常務が、ホワイトボードに「リコール関連でなすべき事柄」を早くもリストアップし始めた。こんなときであっても、かっちりとした事務的な姿勢は崩れていない。ボードを見ながら、花戸は〝世話になっている卸業者さんたちにどうやって謝ろうか〟と考えていた。余計なことは言わず、『現時点ではまったく健康被害は出ていないのですが、たとえわずかなりともお客様へのリスクが考えられる以上、リコールに踏み切るべきと当社は考えました』と率直に頭を下げるのが一番だな。その姿勢こそがお客様第一で生きてきた自分の心情にぴったりだ。卸業者さんから何と怒られても、お客様の安全のためと思えば耐えられる。花戸は「リコール実行」に向けて覚悟を決めた。

7　リコールの実務対応

佐藤常務がリストアップし、その後、みなの意見を加えて書き上げた処理事項のリストは次のとおりである。

・社告の掲載――複数の全国紙に掲載する
・社告文案――「ごくまれに包装材に微細な穴が開くことがある。大半は心配なく、現時点で健康被害の報告もないが、万全を期してリコール」というスタンスでドラフトする
・リコール実施方法（現品の引取、返金、代替品など）についてリリースで情報開示
・保健所、行政庁への届出
・卸、取引先に連絡
・事情を説明する骨子、「ポジション・ペーパー」作成
・マスコミ取材に対するQ＆Aの作成
・包装材メーカー「木村包装」に対する責任追及準備、すべての費用について証拠保存

社告は明日の朝刊には間に合わない。だが、明後日には何とか間に合いそうだ。全員がテキパキと動き出した。

8 新聞報道

＊＊年9月16日　中央日報新聞

ソフィア製菓リコール

ソフィア製菓は同社のビスケット「ソフィーちゃんのママ」をリコールすることを発表した。指定されていた仕様とは異なって、軟質性に欠ける素材で製造された包装用の袋が使用された製品は、搬送段階で折り曲げられたりすることで微細な穴が開く可能性があり、まれに健康被害も予測されるため今回の措置に踏み切ったという。穴が開いているとの報告が7月来9件よせられたというが、健康被害の報告は確認されていない。

リコール対象はビスケット、商品名は「ソフィーちゃんのママ」。包装袋裏面に＊＊年6月10日以降の日付の製造年月日が記載されているもので28万袋が出荷されている。同社広報部は『中身の製品自体には何の問題もない。包装用袋に微細な穴が開くことはレアケースとは思うが、ほんのわずかでも消費者に健康被害が起きる可能性があることを考慮してリコールすることとした』と話している。問合せは同社お客様相談室　電話＊＊＊＊＊＊＊

9　リコールの終了と費用、損害

ソフィア製菓の担当者らは、消費者、卸、小売店からの苦情や問合せに対して、ていねいにそして粘り強く対応を続けた。10月初めにはリコールの業務も事務的に進み始め、10月半ばにはほぼ終了というところまでこぎつけた。新しい包装メーカーの製造による袋詰めで11月1日には〝ソフィーちゃんのママ〟を再販売できるメドも立った。

リコールにかかった費用は、消費者からソフィア製菓宛のリコール品送付費用、ソフィアから消費者への代替品送付費用、謝罪文の作成、新聞への謝罪広告掲載費用などを総合して、合計約2億円である。

また、問題発覚から販売を休止していたが、これまでの販売機会を失った損害と、11月1日までなお販売できない損失を合わせると、約1億円の利益を失うことになるものと見積もられた。

短期間でここまでこぎつけたのは、担当者全員の団結力の賜物であった。

智田社長は、リコールに携わった者全員を集めると、「お客様第一の当社の理念を、みんなの力で形をもって実現できました。すべてのお客様、株主さんになりかわって、心からお礼を言います。みなさん、本当にお疲れさまでした」と深々と頭を下げた。ささやかな慰労会が行われた。

卸をくまなく回り、ときには小売店までも足を運んで頭を下げ続けた花戸は、智田社長の言葉を聞いて、苦労が報われる思いがした。

10月20日、新聞記者から、〝ソフィーちゃんのママ〟リコール進捗状況について取材があった。応対した広報部は、リコールが終了したこと、11月からは新包装により〝ソフィーちゃんのママ〟の再発売ができることを、控えめながらも、プライドをもって答えた。

その広報対応は、10月21日の中央日報の「ソフィーちゃんのママ、リコール終了　11月にも再販売へ」という記事となった。

パーフェクトなリコール作業だった、と誰もが思っていた。

第6話　不正経理事件、起こる

――不法勢力への対応とコンプライアンス

1　不審な電話

10月第2週の月曜日、ソフィア製菓に「ジャーナリストのアベ」と名乗る男から「御社の企業倫理姿勢について取材したい」という電話が入った。取材という触れ込みであったので、電話は管理本部の広報部に回された。最初は広報部の高木麻衣（たかぎまい）が対応したが、「会社全体に関することなので、責任者をお願いしますよ」と低い声で繰り返され、高木は仕方なく部長の橋本に電話をつないだ。

「広報部長の橋本と申しますが、どういったご用件でしょうか?」

電話の主はしばらく黙っていた。多分あのとき録音装置をセットしていたのだろうと橋本はあとになって思った。

「企業倫理推進国民協議会の専務理事で、アベと申します」

凄みのある声だった。

「私どもは、企業の倫理姿勢について国民レベルで見守っていこうという組織です。『見守ろう！　企業倫理』という季刊誌を出しております。実は、御社のシステム関連で不正発注が行われているとの情報を入手しました。**具体的な資料**もありますので、われわれもことの真偽について重大な関心を持っております。資料をご覧いただいたうえでご説明をうかがいたいのですが」

橋本の体に緊張が走った。取材に名を借りた不法勢力の攻撃かもしれない。『取材お断り』として電話を切る選択肢もあった。だが、橋本はこの手の攻勢は執拗に続くことを知っていた。それに、「具体的資料」という言葉が気にかかる。とっさに橋本は覚悟を決めた。

「わかりました。お目にかかりましょう」

翌々日の水曜日に会社の会議室で会う約束をした。下調べをするのに1日は欲しいと思った。橋本はすぐに智田社長、井上法務部長に連絡を入れた。とにかく会って、どのような問題を取り上げようとしているのかを確認してほしい、それから対策を考えようというのが、智田社長の指示であった。井上法務部長は顧問の佐々木弁護士に電話があった事実は伝えておくという。

橋本は調査会社に「企業倫理推進国民協議会」という組織について何か情報があるかを確認したが、そういう名の組織はデータにないとの答えであった。ただし「見守ろう！　企業倫理」と題する小冊子が数百部程度、過去に何回か発行されたことはあるらしいという。現物は残っていない。相手方が不法勢力である可能性がさらに高まった。

2　面談

水曜日、時間どおりにアベが訪ねてきた。録音の準備をしてある応接室に案内し、橋本と高木で応対した。

差し出された名刺には、「企業倫理推進国民協議会　専務理事　安部剛（あべたけし）」とあった。名刺交換をするとき、橋本は、「不法勢力と思われる者とみだりに名刺交換をするな」と、リスク管理の教科書に書いてあったことを思い出した。だが、相手方が名刺を差し出している以上、こちら側も名刺を出さざるをえない。

＊＊年８月20日

ソフィア製菓株式会社
システム管理部御中

株式会社山下ビジネスソフト
経理担当＊＊　㊞

ご請求書

金110万円

＊＊年７月分	システム管理実施料	100万円
	消費税	10万円

「早速なんですが、こういった資料がありましてね……」

安部はすぐに切り出した。見ると、生産管理システムのメンテナンスを委託している「山下ビジネスソフト」からソフィア製菓に対する請求書のコピーである。

「これがなにか？」

橋本は取引文書が流出していることに動揺したが、平静を装いながら聞いた。

「実際のメンテナンス料は60万円らしいですよ。なのに、請求書は１００万円で発行されている。つまり、ソフィア製菓さんは差額40万円、消費税分を入れると毎月44万円を余計に支払わされていることになる。今日は示しませんが、それを裏付ける決定的な証拠もあるんですよ。そうすると、差額の44万円はどこに行っているんでしょうかね……。しかも、ほかならぬ『生産管理ソフト』の維持費ですよ。そんなところで、もし不正があったら、生産工程に影響が出ているのではないですか。

だとしたら、国民の健康を預かる食品メーカーとして由々しきことです。しかも、過去、2年間にわたって行われているらしい。まさに、企業のコンプライアンス、社会的責任にかかわる大問題だ。われわれ国民協議会は徹底的に追及します。当会も取材して追いかけるが、実は私は毎朝新聞のフリーライターもしていましてね。毎朝に持ち込むことも考えているのですよ。

会社として、どう対処されますか?」

毎朝新聞といえば発行部数トップクラスの大新聞だ。安部の言葉に橋本は、

「この山下ビジネスソフトさんの請求書は、いま初めて拝見しておりますので、なんともご返事はできません。事実確認をさせてください。それからご回答申し上げます」

と答えるのが精いっぱいだった。高木も身をこわばらせている。

「社内のことですから、1週間もあれば調査できるでしょう。来週の水曜日午後、また来ますよ。あ、これは私どもの季刊誌『見守ろう！　企業倫理』です。どうです、一流企業の広告がズラリと並んでいます。御社も広告のほう、ひとつよろしく。広告主になっていただけ

れば、信頼関係もできますからねえ」

安部はにやりと笑いながら雑誌を置いて引き上げた。

「季刊誌」を手に取ってみると、パンフレットと呼んだほうがよいような、20頁くらいのしろもので、マスコミで報道されている企業不祥事について、10行ずつ程度、ありきたりのコメントが記載されているだけであった。最後のページに十数社の広告が掲載されている。何かと噂の耐えない企業ばかりであった。季刊誌の真ん中に「広告掲載申請書」なる用紙が挟まれていた。年間広告掲載料一口1000万円と記載されている。

「部長、これって企業恐喝ですよねえ」

高木のことばに橋本もうなずいた。

3　事実調査

橋本広報部長はすぐに智田社長に面談の様子を報告した。

智田社長は井上法務部長を呼ぶと、山下ビジネスソフトの当社宛て請求書について徹底調査をするようにと指示した。渡辺専務、田中取締役らにも極秘のうちに連絡がなされた。井上法務部長は管理本部に属しているシステム管理部の森達也（もりたつや）部長、石川隆（いしかわたかし）次長らにヒアリングを行った。

石川次長は当初は口をにごしていたが、井上の粘り強い質問に耐え切れず、すべてを告白した。ギャンブルにのめり込んだ結果、複数の金融機関からの借入が総額２０００万円にまで積み上がり、その弁済のために、自分が管理を任されているシステムメンテナンスの外部委託費用を水増しすることを思いついたという。

メインシステムの保守契約は月額60万円であったので、それに加えて、実際は発注していない関連ソフトのメンテナンスを発注したことにして、山下ビジネスソフトに毎月44万円上乗せして請求させていたのだ。山下ビジネスソフトは、ソフィアが知らぬままに支払った過大分を、石川の「個人口座」に払い戻していた。

石川の話によると、山下ビジネスソフトは、当初は協力を嫌がっていた。しかし、石川が強引に「ソフィアくらいの規模になると表に出せない支出もある。そのための資金作りだ。協力が嫌なら、委託先を変える」と脅すと、渋々協力するようになったという。安部が言ったとおり不正は2年間続いていた。

本来は、外部委託先への発注書や請求書は森システム管理部長が目を通すのがルールであった。が、森部長はあまりに多忙で、担当者の石川に任せきりにしていたという。そのことが不正を誘発する原因となった。経理部は委託料と実態を照合する役割は担っていない。支払いは機械的に続けられていた。石川次長が山下ビジネスソフトから不正に受け取った金は毎月44万円、2年間で1056万円に達する。

石川次長が1人で対応していたとなると、ほかの、原料購入管理システム、経理管理システムなどのメンテナンス料も過大に支払わされているかもしれない。井上法務部長は、〝石川次長には相当の余罪があるかもしれない〟と思った。

田中取締役は、今回の不正が生産管理ソフトの運用に影響を与えていないか、徹底的に確認した。幸いなことに生産管理の業務には全く影響はなかった。架空の余計なソフト管理業務が記載され過大支払が行われただけであり、実際の生産体制に影響はなかった。智田社長以下は一様に胸をなでおろした。

最後に残った疑問は、山下ビジネスソフトが不正支払いに協力させられていたことを、安部がなぜ知ったかである。安部が持っている情報、資料を予測するうえでも大切なことであった。

調査の結果、山下ビジネスソフトの山下太郎社長と安部とが同じゴルフクラブに属していることがわかった。２人が一緒にプレーする姿や親しそうに話しこんでいる姿を見たゴルフ会員は多かった。おそらく、山下社長が親しい安部に「取引先から、心ならずも過大支払いに協力させられている」とでもこぼしたのだろう、と井上法務部長は推測した。

安部は「いまは示さないが、裏付ける決定的な証拠もある」と言っていた。おそらく、山下ビジネスソフトから、上乗せ請求をさせられていると認める録音か念書でもとっているものと思われる。

橋本は、親しいマスコミの友人たち何人かに、安部に関する情報をそれとなく聞いた。めぼしい情報はなかったが、２、３年前にこわもての男たちが『見守ろう！　企業倫理』という冊子をビジネス街で配っているのを見た覚えがあるという友人がいた。それ以外には情報はなかった。暴力団や事件屋の関係者だという情報も特にない。

調査結果を顧問の佐々木弁護士に連絡すると、「すぐに、現状を所轄の警察署に連絡したほうがよいですね」というアドバイスだった。具体的な事件が起きていなくても、これは怪しいと思う事象があれば、早い段階から警察には連絡しておくべきだとのことであった。

木曜日に安部から橋本広報部長宛に電話が入った。〝調査状況はどうか。問題の深刻さがわかったか〟というものであった。橋本は「来週にはお答えします」と言って電話を切り、智田社長に対策会議を開くように提案した。

4　危機対策会議　――取締役のリスク管理義務とコンプライアンスの本質

翌週月曜日の夜、智田社長の招集で「危機対策会議」が開かれた。智田社長、渡辺専務、佐藤常務、田中取締役、井上法務部長、橋本広報部長、中村監査役、佐々木弁護士らが集まった。花戸も緊張の面持ちで参加している。智田社長から話を聞いた花戸は、〝生産管理の問題は営業にも直結しますので〟と頼み込んで参加したのだった。

まず智田社長が井上法務部長に調査結果を報告するように求めた。井上は概略を説明したあと、「メンテナンス契約の管理を任せられ1人でやっていたので、ほかにも同様のことを行っている可能性があります。さらにヒアリングする予定です」と付け加えた。

「安部の狙いは何でしょうかね」

井上法務部長の報告を受けて智田社長が問題を提起した。相手の狙いを知ることはリスク対応の基本だ。さすがに智田社長の第一声は的を射ていると花戸は思った。

「もちろん金でしょう。置いていった『季刊誌』と称するものは雑誌どころではなく、ただのパンフレットです。まともな取材とは、到底思えません。その冊子に挟まれていたのが『広告掲載申請書』です。年間広告掲載料一口1000万円と書いてあるのだから、要するに、1000万円支払えば不正支出の事実を世間に公表しないでやると言っているのです。脅しですよ」

橋本広報部長は怒りを込めた口調で言った。

「なかなか巧妙ですね。はっきりと金銭を要求し、金を出さないと事実を公表するぞと明言すれば、それだけで『恐喝未遂罪』が成立します。けれども、『広告のほうもよろしく』と言って広告掲載申込みの用紙を置いていったというだけでは、恐喝未遂だとするのは、ちょっと難しい」

佐々木弁護士がうなるように言った。

「わかりました。金目当ての脅しだという理解で議論を進めましょう。基本的にどういう方針で臨みますか?」

智田社長が議事を進める。

「私は、広告費を出してでも、円満に収めるべきだと思います」

佐藤常務が暗い声で言った。えっ、なぜ？　花戸はこみ上げる声を抑えた。

「いまは10月で、運動会、旅行シーズンです。われわれ製菓業界にとっては、書き入れ時です。みな必死の競争をしています。そんなときに、『生産管理システムの保守契約をめぐって不正』なんて報道があったら、『生産体制に問題あり』と世間に受け止められ、売上が伸び悩むのは必至です。実は、今年は天候不順の影響もあり、出だしは思わしくありません。あまりマイナス要因を増やしてほしくない、というのが本音です」

「でも！」

花戸は抑えきれずに声を上げた。

「相手は、要するに不祥事をネタにしてわれわれから1000万円を脅し取ろうとしているんでしょう。そんな悪者に金を支払うんですか？」

「報道されて、『ソフィア製菓、生産系で不祥事』なんて見出しが付いたら営業直撃でしょう。売上の減少は1000万円どころじゃ済みませんよ。それに『広告費』を払うことは違法ではないでしょう？」

佐藤常務も譲らない。何でも金に換算してから方針を決めるのか？　花戸は感情が高ぶり始めた。

❖コンプライアンスと法令

「不法勢力に金を支払うのは、暴力団排除条例に違反するのではないですか？　どうですか、佐々木先生」

勉強家の中村監査役が質問した。

「暴力団排除条例は、相手方が暴力団員、または暴力団の関係者とわかっているときの話です。本件では相手方が暴力団員、暴力団関係者という情報はありません。今のところ適用はありません」

佐々木弁護士が答えた。〝暴力団排除条例がどういう条例かよくわからないが、もっと本質的な問題ではないか〟。花戸の顔が赤くなってきた。

「私は、法令はよくわかりません。営業一筋の本部長です。でも、ソフィア製菓のお菓子を、ご家族団らんや友人たちとの語らいの席で楽しく召し上がっていただきたいのです。『おいしい笑顔、豊かな心』です。その一点に誇りをもって今まで働いてきました。そのお客様からいただいたお金は、もっとおいしい製品の開発などに使うべきだと思います。それが株主さんたちの期待することではないですか？　それでこそ、私たち役員が株主さんから経営を受託していることの『本旨』だと思うんです。暴力団ではないかもしれないが、少なくとも冊子に広告を載せろ！　１０００万円出せ！　という人物にお金を支払うなんて、私は納得がいきません」

花戸は胸のなかにある思いを吐き出した。

「花戸さんの言うとおりだ。先日、佐々木先生に教わりましたよね、『コンプライアンス』とは法令に従うことだけではないと。消費者や株主、社会一般の期待に応えなければならない。仮に、相手に１０００万円を支払ったら、その金は不法勢力の活動資金となり、他の善良な市民や企業を攻撃する基盤となるのでしょう。それは許されません。お金は支払わないで、毅然と戦うことにしましょう」

智田社長が静かだが凛とした声で言った。

❖ 恐喝に対する取締役の注意義務に関する判例

「私もその結論でよいと思います。ご参考になる判例があります」

佐々木弁護士が口を開いた。

「仕手筋とされる人物がある機械メーカーの株を大量に買い付け、機械メーカーに対して、３００億円を用立てなければ株を暴力団に売るぞと脅した事案です。機械メーカーの役員たちは悩んだあげく300億円を用立てたのです。

これに対して裁判所は、『経営者としては、警察に届け出るなどの適切な対応』をすべきであったとして、そうしなかったことが善管注意義務違反になるとしています（最高裁06・4・10判決）。

こうした判例からしても、また先ほど智田社長や花戸さんがおっしゃられたコンプライアンスの観点からしても、要求に応じるべきではありません。

佐藤常務のお気持ちもわかります。ですが、仮にこうした不法勢力に『広告費』を出していたことがあとで世間に知れたら、そのときの社会の批判、糾弾によるダメージは、社員の不正経理が報道されたときのダメージとは比べものにならないほど大きいと思います」

佐々木弁護士はこう言って手に持っていた資料集をテーブルに置いた。この会議のために先ほどの判例なども用意してきたらしい。

❖ 対応

「では、具体的な対応策をどうしますか」

智田社長が議事の締めくくりを促した。これを受けて渡辺専務が沈着な実務家らしく、

「まず、行為者の石川次長に事実関係をすべて顛末書にまとめてもらうことですね。1000万円を超える大金です。絶対に返してもらわなければならない。井上さん、余罪も徹底して調べてください。

それと、広報対策は取っておく必要があると思います。相手方は金にならないとわかれば、動かないとは思いますが、一般のマスコミが察知して取材に来る可能性もあります」

と問題点を整理した。

「広報対応は大丈夫です。何事も正々堂々と対処する方針であれば、広報としてはまったく問題はありません」

橋本広報部長が晴れやかに言った。渡辺専務はさらに

「それと、石川次長の不正行為を警察に届け出るかどうかが問題です。相手方は『石川の不正をマスコミにばらすぞ』のあとは、『石川の不正を警察に告発するぞ』と脅してくるでしょうから」

と佐々木弁護士のほうを見ながら続けた。

佐々木弁護士は、

「法的に整理しますと、石川氏の行為はソフィア製薬をだまして過大な支払いをさせて最終

的に金銭を受け取っているのですから、民事上は『不法行為』に該当し、損害賠償問題となり、刑事上は『詐欺罪』に該当し、刑事罰の対象になります。大切なのは、民事、刑事とも、きちんと対処しておくことです。この点が安部の脅しの『ネタ』なのですから。

民事責任は渡辺専務がおっしゃるとおり弁済してもらうとして、公正証書を作成してもらうなど、厳正な形にしておくべきです。刑事責任ですが、会社として刑事告訴するかは石川氏の反省の態度、本当に弁済するのかなどを見極めてから決めればよいと考えます。ただし、刑事告訴とは別に、警察には石川氏の行為についてご報告しておくべきです。警察には安部の恐喝未遂の対応をお願いするのですから、安部が何を材料として脅しているのか、警察にご報告しておくのが筋です」

と、法的な対処方針を明快に示した。

佐々木弁護士の言葉を聞いた渡辺専務は、

「そうしますと、石川次長を懲戒解雇とするか、それとも諭旨解雇とするのか、社内処分も今後の石川次長の姿勢にかかっているということですね」

と、納得した顔で言った。

「それにしても」

と、渡辺専務は嘆息混じりに続けた。

「リスク管理の格言に『**1人で起票・決裁、不正のもと**』というのがありますが、今回の問題は森部長がみずから決済しないで、発注窓口である石川に発注も支払いも、任せきりにしていたことがすべての原因ですね。悪いお手本のようなものだ……」

一同、しばらく声がなかった。

ややあって智田社長は、

「では、広報の橋本さんとしては、次に安部氏と会うときは、第一に、事実関係はだいたい、調査確認しました、なお調査中です。第二に、行為者は判明している事実を認め、弁済契約書を作成する予定です。第三に、社内処分は厳正に行います。第四に、警察にもすべて報告しております。と答えればよいことになりますね」

とスッキリとした表情で議論をまとめた。

佐藤常務が

「それでも安部が事実を公表すると言ったら、どうします？」

と不安げに発言した。やはり売上への影響が心配なのだ。

智田社長が静かだが力強い声で言った。

「そのときはこちらの姿勢を示すのです。全容が判明し必要と判断すれば、当社として自主的に公表する予定ですと。実際に、規模的、質的に見て必要なら、『残念ながら内部不正がありました。当社の内部管理体制の一部不備が原因です。生産には影響はありません。再発防止を徹底します』と堂々と発表しましょう。そのように基本方針を決めてしまえば、『公表するぞ』はもはや脅しにはなりません」

花戸は満足感を覚えていた。無法者たちに1円たりとも大切な金を渡すものか！　今週の水曜日に来社してきた安部が橋本から結論を聞かされたとき、どんな顔をするか、見てみたいと思った。

橋本広報部長の報告では、訪ねてきた安部は対策会議で決定したことを淡々と告げられると、憮然とした表情を浮かべてしばらく黙っていたらしい。しばらくして安部は、

「さすがに、ソフィア製菓さんです。企業倫理に基づいた対応をされていますね」

とボソッと言うと、そそくさと立ち去ったという。佐々木弁護士の助言で隣室には所轄の警

察官に待機してもらっていたのだが、それにもまったく気づくふうはなかったらしい。

第7話　自分の会社から訴えられる⁉

――代表訴訟

1　提訴要求

「取締役連絡会」の招集

11月になった。異例の暑さは秋になっても続いていたが、それでも11月に入ると急速に寒さがやってきた。

「あんなに暑かったのに、ちゃんと冬は来るらしいな」と花戸が自席で独り言のようにつぶやいていたとき、井上法務部長からメールが送られてきた。

「取締役各位　明日11月10日午前9時から、当社第一会議室にて、緊急に取締役連絡会を行いたく、ご都合のつくかぎり、ご参集のほどお願い申し上げます」

メールを見ていると井上法務部長から花戸宛に内線電話が入った。

「実は、株主さんから監査役に対して『提訴要求』があったものですから……。先日の〝ソフィーちゃんのママ〟リコール（第5話）に関連しています。詳しくは連絡会で……」

井上は声をひそめて必要事項だけ言うと早々に電話を切った。他の取締役たちにも同じ連絡をするのだろう。「提訴要求」とは何だったか……。

取り残された格好になった花戸の胸中に、不安が広がった。

11月10日、社外取締役の伊藤、山本を含めて、取締役の全員が会議室に集まった。花戸は会議室に向けて廊下を歩いているとき、控室に入ろうとしている顧問の佐々木弁護士に軽く会釈された。挨拶を返しながら花戸は、重大な法的問題が起きているのだとずしんと重い気分になった。それにしても取締役会ではなく、なぜ「取締役連絡会」なのだ。さっぱりわからん。

会議室にはもう花戸以外の全取締役がそろっていた。井上法務部長もいる。

智田社長は花戸が部屋に入るのを見るとすぐに口を開いた。

「みなさん、おはようございます。株主さんから9月に起きた〝ソフィーちゃんのママ〟リコールの件に関して、取締役を提訴しろという『**提訴要求書**』が11月8日に監査役宛に届いたのです。今日はその件についてご報告し、取締役全員で今後の基本的な対応について情報を共有し、意見交換をしたいと思います。

「連絡会」としたわけは

今日はなぜ、取締役会ではなく取締役連絡会にしたかといいますと……」

〝そこを聞きたかったのです！〟と、花戸は心の中でつぶやいていた。

「今回、提訴要求されているのは、私を含め取締役の全員です。いわばわれわれ取締役は、会社から『訴えられるかもしれない』側です。

提訴要求があった場合、『会社』は、株主さんの要求に従って取締役を提訴するかどうかを決めなければいけません。提訴要求に対する『会社』の意思決定は、提訴する場合に会社を代表することになる各監査役の方々のご判断で決まります。監査役一人ひとりが提訴権限を持っておられるので、各監査役がそれぞれ判断されます。今日お集まりいただいたのは、その提訴要求に対してわれわれ取締役としてどう対応していくべきかを意見交換をするためです。が、後々、『取締役たちが、取締役会の場を悪用して、監査役の方々に提訴しないように不当に圧力を加えた』などと誤解されては困るので、今日は『取締役会』ではなく、『取締役の連絡会』とした次第です。

監査役の方々は、もうすでに提訴要求にどう対応するのか、意見交換しておられるとうかがっています。仮に、監査役の方々が『提訴しない』と判断したときに、次の段階として、株主さんがみずから取締役を提訴することができることになるそうです。

まずは、お手元にある提訴要求書のコピーをお読みください。佐々木弁護士にも別室で待機いただいています。意見交換をする前に佐々木弁護士にお入りいただいて代表訴訟の話をしていただく予定です」

手元に配布されていた提訴要求書の写しがこれである。

花戸は「池田正義」という株主が指摘している提訴要求の理由を見て、はなはだ心外であった。あのときはみんなで知恵をしぼってリコールを決め、一致団結してリコールを実行したのだ。最大限の努力を尽くして、しかも可能な限り迅速にリコールをやり遂げた。その確信はいまも揺らいでいない。

この株主は何か誤解しているのだろう。どれほど努力してリコールをしたのか、きちんと説明したい、その機会はあるのだろうか……。

＊＊年11月７日

ソフィア製菓株式会社
監査役　中村　豊　殿
監査役　小林　浩　殿
監査役　斉藤　進　殿

株主　池田正義　㊞

拝啓　貴社には益々ご隆昌のことと、お慶び申し上げます。

私は、貴社の株式を６か月以上保有している株主です。本年９月、貴社にて発生しました貴社製品ビスケット「ソフィーちゃんのママ」リコール事件（以下、本件リコールといいます）に関して、私は貴社株主として、貴社に、取締役全員に対する損害賠償責任を追及する訴訟を提起していただきたく、ここに書面をもって要請いたします。

１．提訴対象の取締役

被告として提訴していただきたいのは、貴社の取締役全員、すなわち、

智田聡代表取締役、渡辺誠取締役、佐藤修取締役、田中隆取締役、花戸嵐取締役、伊藤徹取締役、山本久美子取締役です。

２．提訴請求する内容（趣旨）

提訴で請求する内容は金１億円の賠償です。

３．提訴の理由たる事実

提訴の理由は次のとおり本件リコールにおける全取締役の善管注意義務違反です。

⑴　包装資材委託の管理の不十分

報道によれば、包装容器資材の製造委託先が貴社の指定とは異なる、軟質性に欠ける素材を包装袋に使用したことがピンホール

発生の原因となったとのことです。しかし、そのような点について貴社取締役は日ごろから製造委託先に十分に注意喚起をしておくべき注意義務がありました。その注意義務を怠ったことが本件リコールの発生原因です。

(2)　対応の遅れ

また、最初のクレームがあったのは本年７月５日であったと報じられています。にもかかわらず、貴社が社告を掲載したのは９月16日です。あまりにも遅いと言わざるを得ません。この点も取締役の善管注意義務違反です。

以上により貴社に生じた損害はリコール費用、信用損失を含めて１億円を下りません。

なお、仮に提訴されない場合は、提訴しない理由を私宛に書面でご通知いただきたく、お願い申し上げます。

敬具

2 代表訴訟の手続きフロー ――佐々木弁護士のレクチャー

「お読みいただいたとおりです。請求している『池田正義』という株主さんは、遠藤総務部長の情報では、『株主の権利向上協議会』という団体の代表者だということです。株主の権利行使についてセミナーなどを開いている団体だそうですが、実態はよくわかりません。この提訴要求にどう対応していくべきか、今日は意見交換したいのですが、その前にわれわれ全員が代表訴訟の流れについて学んでおきましょう。ここで、佐々木弁護士に入っていただき、手続きの概略についてご説明いただくことにします」

智田社長はみなの顔を見回しながら落ち着いた声で言った。佐々木弁護士が軽く会釈しながら会議室に入ってきた。

提訴請求

「ではさっそくご説明します。

代表訴訟については〝ソフィーちゃんのママ〟リコール問題が起きたときにも、簡単にお話いたしました。株主代表訴訟は、法的には責任追及訴訟と呼ばれますが、取締役や監査役に任務違反があって、そのことにより会社に損害が生じた場合の問題です。そうしたとき、本来は会社自身が役員を訴えるべきです。ところが、会社に任せておくと、役員同士が仲間内でかばい合って責任追及をしないおそれがあります。そうした状況に対処するため、株主が『会社のために』役員を訴える制度です。

手続きは、まず、株主が会社に対して『提訴請求』するところから始まります。今回の手紙がそれですね。本来、会社がなすべき訴訟を、会社に代わって株主が起こそうというのですから、まずは、会社自身が提訴するかを検討する過程を経るわけです。提訴請求できる株主は、当社の株を6か月以上保有している株主に限られます（８４７条）。

最初の段階では、請求している『株主』さんが、本当に当社の株主さんであり、しかも『6か月要件』を備えているのかを確認する必要があります。総務部が確認したところでは、本件の池田さんは確かに当社の株主さんであり、6か月要件も充たしているそうです。監査役の方々はすでにその点の確認作業は終えておられると思います。

提訴請求の『宛先』は代表取締役ではなく監査役です。仮に会社が取締役を提訴するとした場合、会社を代表して訴えるのは代表取締役ではなく監査役なので（３８６条2項1号）、一貫するために提訴請求から監査役が受け取ることになっています。

提訴請求書には、第一に被告となる者、第二に具体的にどのような請求をするのかという請求の趣旨、第三に何の件に関して請求するのか特定できるくらいに、問題とする事実を書くことになっています（施行規則２１７条）。

本件の提訴請求書には、これらのことはすべて書かれています」

佐々木弁護士は一同の顔を見回して、さらに続けた。

監査役の「検討期間」

「提訴請求書が届いてから『**60日以内**』に、監査役が会社を代表して実際に提訴しないときは、提訴請求をした株主は自分で裁判を起こすことができます。この60日間は監査役が会社側として、提訴の是非を調査、検討する期間です。『**検討期間**』と呼んでいます。

60日間は、請求書が届いた日の翌日から数えます。本件では11月9日からカウントが始まりますね。来年の1月7日が期間満了になります。ギリギリになって回答すると、株主さんは裁判の準備をしているかもしれず混乱しますので、監査役さんたちは少し早めに回答されると思います。

他社のケースですが、私も代表訴訟の対応について、監査役さんの調査と検討をお手伝いしたことがあります。実際に調査、検討をしてみると、60日間なんてあっという間です。

本件では、包装容器に関する製造委託の管理が適切であったか、リコール対応は遅くなかったか、この2点について問題とされています。監査役の方々はこれからこの2点について調査、検討をされるわけです」

理由通知

「監査役は検討が終了次第、提訴するか、提訴しないかを決断します。提訴しない場合、株主から要請があるときは、『**不提訴理由通知書**』を株主さんに送ります。不提訴理由通知書に書く内容も決められています（施行規則218条）。第一にどのような調査を行ったのか、その内容、第二に被告となるべき者の責任や義務の有無についての判断とその理由です。

本件では、提訴請求書のなかに『ご通知いただきたく』と書かれていますから、理由通知は必要ですね。以上が、手続きの流れの概略です」

佐々木弁護士は説明を締めくくった。

花戸は最初、１つの会社のなかで、「提訴するかもしれない監査役側」と、「訴えられるかもしれない取締役側」とに分かれることが不思議な気がしていた。だが、考えてみれば、株主の委任に応えて適正な経営をしているのかが問われる「取締役」と、取締役が適正に経営をしているかと見守ることを株主から委任されている「監査役」とでは、元々立場が違うのだから、当然のことだと気づいた。

3　質疑と検討

「では、意見交換に入りましょう。何かご質問、ご発言は？」

智田社長が促した。

損害額

佐藤常務が待ちかねたように、最初の質問をした。

「本件では、当社の損害額がまだ確定していません。というのは、いま佐々木先生にお願い

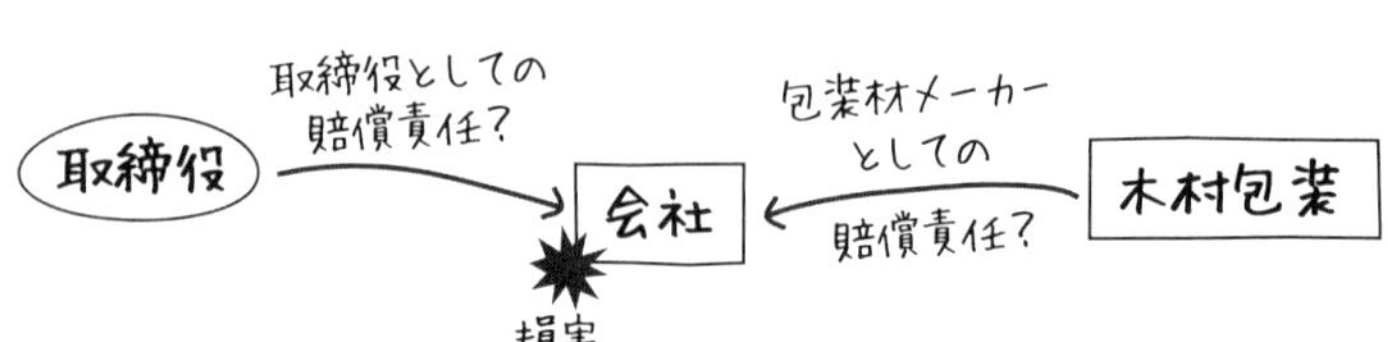

して、うちの井上法務部長も一緒になって、ピンホールの開いた袋を製造した木村包装に対して損害賠償を求める交渉をしております。実損の約2億円、得られたはずの約1億円を合わせて約3億円の損害が生じたのは確かですが、木村包装さんから、相当額は、賠償されるはずです。それでも、現時点で訴訟提起しろと言えるのでしょうか？」

「取締役として会社に賠償するべきかという問題と、会社として外部の製造委託先に賠償請求できるかという問題とは一応、別の問題です。実際上は、密接に関連していますけれども……」

佐々木弁護士がホワイトボードに図を描きながら説明した。

調査と会社スタッフ

「あのう……」

井上法務部長が遠慮がちに手を挙げた。

「われわれ法務部は、監査役の方々がこれから調査をされる際に、手持ちの資料などをお見せしたり、ご依頼に従ってヒアリングのお手伝いをしたりしてもよろしいものでしょうか？」

「監査役の独立したご判断に影響を与えてはいけないという点だけがポイントなのですから、協力すること自体はまったく問題ありません。監査役の方々は、当社を代表して提訴するかどうかを決めるために調査・検討をされるのですから、会社のスタッフが、その指示を尊重して行動するのは当然のことです」

佐々木弁護士がかすかにほほえみながら力強く答えた。

弁護士の起用

「仮に、株主さんに提訴されたときは、私たちは佐々木先生に弁護をお願いしてよいのですか？」

田中取締役が一応、確認するという調子でたずねた。

「それはできないのです」

佐々木弁護士の答えに花戸は「えっ！」と声を出してしまった。田中取締役も、〝なぜ？〟の顔をしている。

「代表訴訟が提起されるということは、会社が提訴すべき立場なのに提訴しないものだから、株主さんが会社に代わって取締役を提訴するという構造なのです。

ですから、『会社vs取締役』という対立の形式となるわけです。会社側の立場にある顧問弁護士が被告とされた取締役のために働くことはできない、というように考えられているのです」

佐々木弁護士は、さらに、

「本件で、実際に提訴までいくかどうかはわかりませんが、万一を考えると、心当たりの弁護士さんを探しておくほうがよいかもしれませんね」

と付け加えた。

「私は佐々木先生しか弁護士の方を存じ上げません。困りましたねえ……」

渡辺専務が困ったような表情で言った。

一同、しんとなったところで花戸の声が響いた。

「風間です！」

「はあ？」

今度は佐々木弁護士が怪訝そうな声を上げた。

「あ、突然にすみません。私の大学以来の親友で、風間という弁護士がいるのです。正義感が強く、人情味もあり、信頼できる奴です。よろしければ、ご紹介します。私は万一のときは風間弁護士に頼みたいと思います」

「それはありがたい！　そのときはぜひ花戸さんに風間さんをご紹介いただきましょう」

智田社長がほっとしたように言った。

「でも、われわれ全員がその風間弁護士にご依頼してもよいのですか？」

佐藤常務が確認を求めた。いつもながら冷静な佐藤常務だ。

「みなさん取締役のなかに利害対立がない限り大丈夫です。万一、リコールについて意見対立があったとかいうことだと問題が出てきますが……」

「そんなことは絶対にありません。みんなの意見に基づいて、全員が一丸となってあのリコールをやりとげたのですから……」

智田社長が言った。

補助参加

「これも仮定の話ですが……」

井上法務部長が佐々木弁護士に質問した。

「提訴されたあと、会社は訴えられた取締役を応援してよろしいのでしょうか。会社としては正しいリコールを適正に行ったという自負心があるわけで、黙って見ているのには耐えられません」

「ちょうど今、そのお話をしようと思ったところです。民事訴訟法に『**補助参加**』という制度があります。『訴訟の結果について利害関係を有する第三者は、当事者の一方を補助するため、その訴訟に参加することができる』というものです（民事訴訟法42条）。本件で訴訟が行われるとしたら、争点は包装資材の製造委託先に対する管理が十分だったたか、リコールは適切なタイミングで行われたかの2点ですから、まさに訴訟の結果について会社が利害を有すると言えます。ですから、補助参加は可能だと思います」

佐々木弁護士が簡潔に答える。

提訴要求の目的

「こういうことを、この席で話してよいか迷うのですが……」

佐藤常務がためらいがちに発言した。

「どうぞ、ご遠慮なく」

智田社長が質問を促す。

「池田株主さんは、何を目的にこの提訴要求をなされたのでしょうか？　今までにうかがったところでは、株主さんは『会社のために』提訴するということですよね。仮に、私たち取締役が敗訴しても、会社に損害賠償することになるわけでしょう。つまり、株主さん自身は『裁判』という大変な仕事をしても、1円たりとも自分の懐にお金が入るわけではない。なのに、なぜ提訴しようとするのでしょうか」

「代表訴訟を起こそうとする株主さんにはいろいろなタイプの方がおられます」

佐々木弁護士が答える。

「個人的な正義感からとか、華々しく訴訟を起こして晴れの舞台に立ちたいとか。同族会社では、役員を困らせてやりたいからというケースもあるようです。

本件の場合は、池田さんが『株主の権利向上協議会』という団体の代表者だそうですが、そのあたりにヒントがあるかもしれませんね」

「まあ、何を目的としているか、あまり考えても仕方のないことです。とにかく、当社の大切な株主さんであることは間違いない。株主さんの権利行使として提訴要求があった。われわれは、それだけの受けとめ方でよいではないですか。われわれとしては最善を尽くしてリコールしたという信念があります。でも、社会の眼から見たらまだまだ不十分だという見方もひょっとしたらあるのかもしれません。そのように厳しく叱咤していただいていると。そうした受けとめ方でいきましょう」

智田社長の言葉を聞いて、花戸はその人間としての大きさに今さらながら感動していた。

そうだ、何を狙っているのだとか、勘ぐっても意味のないことだ。正攻法で対応するしかない、と花戸は思った。

4　不提訴理由の通知書

それから40日間、中村監査役、小林監査役、斉藤監査役らの精力的なヒアリング、書類の精査が行われた。井上法務部長も懸命に監査役の調査をサポートし、部長が社内を飛び回る姿は一時、社内の名物となった。

その結果、監査役は「提訴しない」との決断を下し、次のような不提訴理由通知書を株主の池田氏宛に発送した。

＊＊年12月15日

株主
池田正義　様

ソフィア製菓株式会社
監査役　中村　豊 ㊞
監査役　小林　浩 ㊞
監査役　斉藤　進 ㊞

取締役に対する提訴のご要請について
不提訴のご通知およびその理由

拝啓　貴殿には益々ご清祥のことと、お慶び申し上げます。

貴段が＊＊年11月７日付ご書簡にてご要請された、当社が当社の智田聡取締役、渡辺誠取締役、佐藤修取締役、田中隆取締役、花戸嵐取締役、伊藤徹取締役、山本久美子取締役らを提訴する件について、当社監査役として、ご回答ならびに理由をご通知申し上げます。

１　結論

私どもは監査役として、ご指摘の本年９月に行われた、当社製品「ソフィーちゃんのママ」のリコールについて、関係者から報告を求め、関連資料を精査して、調査を行ってまいりました。その結果、ご要望の提訴は行わないものと決定いたしました。

２　理由

貴殿は、包装容器会社に対する管理が不十分とご指摘をされています。しかし、私どもの調査によれば、製造委託契約には製造状況のモニタリング条項が盛り込まれており、実際にも適宜報告を求め、包装容器会社を訪問するなど、同契約条項に従って適切な観察、管理がなされておりました。

また、リコールの時期が遅れたとのご指摘ですが、第一報からリコールまで、情報収集、方針決定、関係者への連絡など、迅速的確に対応がとられており、特に不適切な問題は確認されませんでした。

以上の次第で提訴はしないことと決定いたしました。

以上のとおりご通知申し上げます。

敬具

5　その後の経過

智田社長ほか取締役たちは、提訴がいつなされるのかと見守っていた。

しかし、その後、池田株主からは何の連絡もなかった。

不提訴理由に納得したのか、それとも別の何かを考えているのか。ソフィア製菓では知る由もなかった。

第8話 フレンチレストランの黒い疑惑

――取締役と特別背任

1 レストラン子会社

「ソフィアフードサービス株式会社」は、ソフィア製菓の100%子会社である。新規事業を展開するために資本金5000万円で設立された。今年で設立3年目となる。

主力はレストラン事業で、この地域では注目を集めているレストランを3店舗経営している。フランス料理の高級感を損なわず、価格をリーズナブルに抑えたことで評判を呼び、2年目で黒字転換し、その後も売上は順調に推移している。従業員は30名。役員は、代表取締役社長の前田哲也と青木雄介、岡田美穂の両取締役と、監査役の金子博である。

岡田はフランスで料理を学んだ経験を持ち、3店舗のシェフたちをキビキビと監督している。

社長の前田は、元は花戸の部下として本社の営業を担当していたが、自他ともに認める美食研究家であり、レストラン事業に強い関心を持っていたことから、新しいレストラン業を推進するソフィアフードサービスの社長として抜擢された。本人の同意のもとに、ソフィア製菓本体をきっぱりと退職し、フードサービスに転籍した。そのことだけでもレストラン事業にかける前田の意気込みはビシビシと伝わってきた。華やかなことが好きで、人付き合いのよい前田にレストラン経営はぴったりの仕事だなと花戸は思った。

2 告発電話

11月も中旬に差しかかるころ、ソフィア製菓管理本部に属している関連事業部の小川健一(おがわけんいち)部長に一本の電話が入った。電話の主は「ソフィアフードサービスの従業員です。秘密は守ってください」と言うだけで、氏名は名乗らない。

「フードサービスは設立直後から『バンケット企画』という、よくわからない会社と『経営コンサルティング契約』を締結しています。契約から3年になりますが、これまで経営指導なんて受けたことはないです。私たちは誰一人、バンケットの人に会ったこともないのです。どんな契約なのか教えてくださいと聞いても、社長は『社長マターだ』と言うだけで、何も教えてくれません。社長は『いろいろ、すばらしいアイデアをいただいているんだよ。ウチのレストランの人気が出たのも、みなバンケットさんのおかげだ』とおっしゃるのですが、腑に落ちません。それなのに経理担当者に聞いたら、毎月150万円という高い委託料を支払っているらしいです。従業員みなが不審に思っています。私は従業員を代表してこの電話をしているのですが、本社で調べていただきたいというのが私たちの願いです。

ただ……前田社長はすごいワンマンで、普段は明るいのですが、一度怒りだすと手が付けられなくなります。告発の電話があったと知られたら、どんなひどい仕返しをされるかわかりません。調査を行っていただくときは電話があったことを絶対に悟られないよう、お願いします」

ソフィア製菓では社内やグループ会社でコンプライアンス上の問題があったときは、本社の法務部が電話を受け付ける「ホットライン」窓口の役割を果たすことになっている。だが、これまではほとんど使われたことはない。

電話の主は、ホットラインに電話するよりも、子会社管理を担当している本社の関連事業部に電話するほうが効果的だと考えたのだろう。本社の内部事情もよく知っているようだ。

小川は電話が切れるとすぐに、ソフィアフードサービスの事務担当をしている元部下に問い合わせの電話をかけた。元部下は「バンケット企画の名前は聞いたことがあるが、具体的なことは社長しか知らない」ということであった。小川は元部下に電話があったことを口外しないようにと伝えて電話を切ると、すぐに関連事業部を所管する渡辺専務と井上法務部長に連絡した。

3 調査方法に関する協議

翌日、渡辺専務の指示で、ソフィア製菓の会議室に、渡辺専務、井上法務部長、小川関連事業部長、顧問の佐々木弁護士、そして花戸が集まった。花戸は3年前まで前田社長の直属の上司であった。そのため、前田の人柄をよく知っているということで参加を求められたのだ。

取締役の「特別背任罪」

渡辺専務は初めに、

「コンサルティングの実体がまったくないのに、『コンサルティング委託料』の名目で毎月150万円、年間にして1800万円を無意味に支払っているというのが、もし本当なら犯罪になるのではないですか？　先生」

と佐々木弁護士に問いかけた。

「電話の内容が本当だとしたら、『背任罪』、しかも役員ですから一般の背任罪よりさらに重い『特別背任罪』の成立が考えられます」

佐々木弁護士が口を開いた。

❖背任罪

まず、一般の背任罪について説明します。「『背任罪』というのは、業務を委任されている『受任者』が、委任者の信頼を裏切る、という点がポイントです。受任者としての任務に違反する、つまり『任に背く』ということで『背任罪』と呼ばれています（刑法247条、5

年以下の懲役または50万円以下の罰金）。

本件の場合、前田さんは、コンサルティング契約を締結する場合、代表取締役として委任者フードサービスの信頼に応えるように、フードサービスにとって最善となるように契約を結んで取引しなければなりません」

聞いていて花戸は

〝委任の本旨に従って、委託者の最善を目指さねばならない。それは取締役の基本的な義務だ！〟

という風間の言葉を思い出した。酒を飲みながらでも、あいつは本質的なことをちゃんと教えてくれていたのだ。

「ところが、電話によれば、前田さんがフードサービスのために締結したコンサルティング契約は、実体がないというのですが、仮にそれが本当だとすれば、会社の信頼を裏切っていることになります。最善を目指していないどころの話ではありません」

佐々木弁護士が続けた。

「背任行為は、その『目的』によって2つのパターンに分かれます。第一は、『自分または第三者に利益を与えるため』です。略して『**図利目的**（とりもくてき）』といいます。第二は『委任者に損害を与える目的』です。同様に略して『**加害目的**』と言っています。どちらかの目的があれば背任罪になります。

『図利目的』についてですが、本件で、もしバンケット企画が実体のない『幽霊会社』にすぎず、本当は前田さん自身だとしたら、委託料として会社が支払っているお金がすべて前田さんの懐に入っていることになりますね。それが『自分の利益のため』に当たることになります。

他方、バンケット企画が本当に存在していても、前田さんがその経営者と密接な関係があるとすれば、バンケットに不正にお金を落としてあげていることになります。

問題はバンケット企画と前田さんの『特別な関係』は何か？ です。調査をする場合、この点が重要です。『第三者に利益を与えるため』とはそういう意味です。

この法律でいう『第三者』とは、日常用語で無関係な人という意味で使う『第三者』とは少し違っていて、利益をプレゼントするような『特別な関係のある人』という意味です。あとで実例をご紹介します。

もう1つの『加害目的』というのは、自分が得をするわけではないが、単にいやがらせで委任者に損害を与えてやろうという場合です。あまり例はありませんが、会社に復讐してやる、自分の利益はどうでもよい、世の中に金をバラまかせて、委任者の財産をすり減らしてつぶしてやる、といった場合でしょう。

これら2つのどちらかを目的として、任務に背く行為をして、委任者に損害を生じさせたときに『背任罪』が成立します。1か月150万円、1年で1800万円。それを設立以来3年間支払っているとすると、合計5400万円の不当な利益がバンケット企画に流れていて、それに匹敵する損害がフードサービスに生じていることになります」

❖ 特別背任罪

「大事なことは、取締役や監査役の場合は、今ご説明した一般の背任罪の特別版として、『特別背任罪』という格段に重い罪に問われることです（960条1項、10年以下の懲役もしくは1000万円以下の罰金または併科）。普通の背任罪では『5年以下の懲役』ですが、取締役や監査役の特別背任罪は、はるかに重く、『10年以下の懲役』が科せられます。株主、従業員、取引先など、多くの利害関係者の利益を担う『株式会社』から信頼されて委任を受けている、『取締役』や『監査役』という立場は、それほど重いということです」

❖ある百貨店で起きた特別背任の事例

「先ほど『図利目的』のご説明の際に、『第三者の利益のために』という要件をお話ししました。本件ではバンケット企画という『第三者』のために前田さんが任務に背いてお金を支払っている、という可能性があるわけです。そうだとすれば、前田さんとバンケット企画との間にはなんらかの特別な関係があるのでしょう。そこで、今後の調査のために、実例をご紹介します。

ある百貨店のケースです。社長が解職され有名になった事件で、以前にもお話ししたことがあります（77頁）。社長は、親しい人物が経営するアクセサリー会社に利益を上げさせる目的で、アクセサリー会社を経由してあえて高く商品を仕入れさせ、その結果15億円以上もの利益をアクセサリー会社に与えていたとされています。本来、取締役は仕入れ原価をできる限り廉価にするなど、コストを下げるべき任務を有していたのに、その任務に背いていたことになります。

裁判所は、百貨店代表取締役に『特別背任罪』が成立するとしています。さらにこの事件では、百貨店社長とアクセサリー会社の代表取締役とが密接に相談して行ったということで、アクセサリー会社代表者も同罪で『共犯者』だとされています（東京地裁87・6・29判決）。

ですから、本件でバンケット企画の代表者、誰かはわかりませんが、その人が前田さんの知人であり、事情をよく知っているとしたら、共犯の可能性もあります。

百貨店のケースで裁判所は『仕入れ原価をできる限り廉価にするなど、仕入れに伴う無用な支出を避けるべき任務を有していた』と指摘しています。ここが委任者にとっての最善を目指すべき義務に背くという、背任罪の核心的な部分です」

「共犯者」という言葉が佐々木弁護士の口から出てきたとき、花戸の心は揺れに揺れた。あの前田が犯罪事件の渦中にいるのか？　何かの間違いであってほしい、と花戸は祈る思いであった。

グループ・コンプライアンスの維持

佐々木弁護士の説明が終わると渡辺専務は、

「子会社でこんな不祥事が本当に起きているとしたら、親会社としても放置すべきではないと思います。すぐにでも親会社として調査して、厳正に対処したいと思います。法的にはそれでよいですね。それとも『**子会社の独立性**』ということで、親会社は子会社の調査はできないのですか？」

と佐々木弁護士に確認を求めた。

❖「グループ・コンプライアンス」の推進

「確かに子会社も独立の法人ですから、むやみに親会社が口を出せば『経営介入』と言われかねませんね。けれども、今は『**グループ経営の時代**』です。特に不祥事に関しては、『経営が連結ならレピュテーションも連結！』で、グループ1社の不祥事は全グループに波及します。万一、マスコミで『ソフィアフードサービスのトップが特別背任か？』なんて報じられたら、社会は『ソフィア製菓の不祥事だ』としか見ません。本体のレピュテーションを直撃することは確かです。

そうした事態を防止するために会社法の施行規則は『企業集団における業務の適正を確保する体制の整備』が取締役会の義務だとしています（施行規則100条1項5号）」

渡辺専務が突っ込んでたずねる。

「具体的にはどのような対応をすべきなのですか？」

「具体的には、グループ共通の『**企業グループ行動基準**』を定めることです。次に、コンプライアンス推進のための支援体制や組織、不祥事発生の場合の調査協力など、親会社とグループ会社との間で、コンプライアンス推進、維持についての支援・協力関係を、『**グループ・コンプライアンス支援・協力契約**』といった契約で定めておくことですね。法律には、そうしたきめ細かい規定はありませんから」

❖ グループ・コンプライアンス支援・協力契約

「当グループの場合は、グループ管理契約のようなものは、作成されていますか？」

逆に佐々木弁護士が聞いた。渡辺専務が苦々しく、

「残念ながら、そうした規定は作成しておりません。こうした場合を考えると、作成しておくべきでした……」

と答えた。

佐々木弁護士が、

「そうですね。『子会社で不祥事が発生した場合、親会社は子会社が行う当該事象の調査を支援、協力することができ、子会社はこの支援・協力を受け入れる』といったルールを協定しておけばよかったと思います。今回の出来事を教訓に当グループ全体に適用される『グループ管理』に関する規定を策定し、全社で調印されると良いですよ」

と答えると、渡辺専務は珍しく不安そうに聞いた。

「でも、今は間に合いません。どうしたらよいのでしょうか……」

調査の根拠と方法

❖ 帳簿閲覧権

「当然の権利として」

佐々木弁護士が答えた。

「当社は１００％親会社であり、フードサービスの『一人株主』ですから、法律上、３％以上の株主なら持っている『**帳簿閲覧権**』という権利があります（433条1項）。フードサービスの営業時間内であれば、いつでも要求することができます。でも、株主として帳簿閲覧権で見られるのは、『会計帳簿およびこれに関する資料』だけ、となっていて、計算書類、附属明細書、総勘定元帳、現金出納帳などです。バンケットへの委託料支払いは確認できますが、契約書そのものとか、幽霊会社ではないかなどに関する資料は見られません。それに、親子会社の関係にありながら、『帳簿閲覧権を行使します』と言わなければならないというのでは、今後の調査が思いやられますね」

冷静に佐々木弁護士が答えた。

❖ 子会社自身の監査役による調査

「一番正当な方法は……」

と井上法務部長が発言した。

「子会社の金子監査役に連絡して、金子監査役が前田代表取締役を調査することでしょう。これが一番、オーソドックスな方法だと思うのですが」

これを受けて小川関連事業部長は、

「それはそのとおりですが、フードサービスの金子監査役は前田さんより15歳も若く、本社の関連事業部の従業員で兼任ですからね。大先輩の前田さんを調査できるか、疑問です。しかも、前田さんはワンマンで、告発も匿名でしなければならないような存在でしょう。金子監査役が社長を調査するなんて、実際上、とてもできるものではありませんよ」

と、苦々しそうな表情で言った。

❖ 監査役の子会社調査権

「では、当社の監査役にお願いしてご調査いただく、というのはどうでしょうか？」

渡辺専務がたずねた。

「その点はですね」

佐々木弁護士が答えた。

「親会社の監査役は、『親会社の取締役の業務を監査するうえで必要』なら、子会社を調査することができます。そのような権限があると法律に明記されています（381条3項）。**『子会社調査権』**と言います。子会社は『正当な理由』がない限り、調査を拒めませんので、監査役の調査権は強力な権限です。

建前としては『親会社の取締役』の業務遂行監査です。本件で言えば『関連事業部の業務遂行』に関して調査が必要という建前です。関連事業部を所管されるのは渡辺専務ですから、『渡辺専務の業務を監査するうえで必要』なので子会社を調査する、ということになります。

ただし、建前はそれでよいとしても、親会社の監査役が子会社の代表取締役社長を調査しにやって来たとなると、大ごとになりますね」

「あまり、いまの段階で大騒ぎにはしたくないですね……」

渡辺専務は考え込んだ。

❖ 強権発動

小川がじれたような口調で発言した。

「当社は１００％親会社じゃないですか。いざとなったら、『一人株主』として、フードサービスに乗り込み、その場で唯一の株主による株主総会を行い、前田さんを解任して、新しい社長を選び、その社長権限で調査を強行することだってできますよね！」

関連事業部長としてイライラ感がつのってきたのは明らかだった。

「もちろん、できますよ。でも、いったん解任してしまうと、取締役としての善管注意義務も忠実義務もなくなりますから、糸の切れた凧になってしまい、ヒアリングに応じるかどうかも疑問が出てきます。解任は最後の段階でしょう。やはり、われわれ法務部か監査部が直接に行って、事情聴取、調査を行うのが自然だと思います」

井上法務部長が事務的な姿勢を崩さずに言った。

「だが、前田君は私もよく知っているが、明るい性格だがときに頑なになるときもあり、そうなるとテコでも動かないからなあ。そう簡単にヒアリングで真実を話してくれるとも思えない……」

渡辺専務がこぼすように言った。

「不作為」の責任が生じる？

やり取りを聞いていた佐々木弁護士が「1点、念のためコメントしておきたいことが」と発言した。

「いずれにしても、早く決断して調査・対処しないと、当社の役員の方々の責任が問題になってくる可能性があるということです。

現在、子会社ソフィアフードサービスで不祥事が起きているかもしれないという状況です。仮にこれを放置してフードサービスの企業価値が下がって当社の保有株式の価値も下がった場合、また、『**ソフィアグループの不祥事**』と報じられてグループ全体の社会的信用が傷ついた場合、親会社の役員が何もしなかったことが原因だと、当社の株主さんが皆さんの責任を追及してくることも、理屈では考えられます。法律上、なすべきことをしないで放置しておくことを『**不作為**』というのですが、当社の取締役は不作為の責任がある、不作為を見逃した監査役も責任がある、というわけです。

こうした可能性もあることをお考えいただいて、迅速な調査、対応をされるべきだと思います」

「それは、十分にわかっています。具体的に誰が調査に行くべきか……」

渡辺専務は再び考え込んだ。

「私に、前田のヒアリングをさせてくれませんか！　なんといっても元部下です。私が心情に訴えて、前田に本当のことを言わせます」

花戸は思わず叫んでいた。

「花戸さんは、前田さんとは元・上司部下の関係だから、感情的になる危険性がありますね。私は法務部か監査部が行くべきだと思いますが……」

佐々木弁護士が冷静なコメントをした。

「ただ元部下がかわいいから同情して行きたい、というのではないのです。前田君は私が育て上げた部下です。もし本当に背任と言われるような行為をしているなら、道義的に、私にも責任の一端があると思います。なんとしても、私が自分の手で真実を確認したいのです」

花戸は一言一言、積木を積み上げるように言った。

「冷静に対応していただくという条件付きで、花戸さんに頼みますか。固い態度で監査部などが行くより、花戸取締役の人間味のあるヒアリングのほうが、案外、真実を話してくれるかもしれません」

だいぶ間を置いてから渡辺専務が言った。

4 風間弁護士のアドバイス

「というわけなんだよ。会議が終わったあとすぐに前田にアポイントをとって、明日の夜、会うことになっているんだ。なにしろ、犯罪を行っているかもしれない人をヒアリングするなんて、生まれて初めてだからさ、何か注意点はないかと思って」

花戸は風間弁護士に思いつめた顔で言った。今日はおでん屋「澄っこ」ではなく、風間弁護士の法律事務所で、「個人クライアント」として風間弁護士に相談している花戸であった。

「2つ、問題がある。1つは、もし本当に違法行為が確認されたら、育てた部下に警察に自首しろと言うことになるんだぞ。その点は、どうなんだ?」

風間はいつにもなく厳しい顔だ。

「それは十分に考えた。だが、監査部や法務部に厳しく問い詰められてやっと事情を話すより、自分自身や家族の将来をよく考えて、自主的に説明し、法的制裁も受け、弁償もして、また人生をやりなおしてほしい。俺は本気でそう思っているのだ」

言いながら花戸は、結婚披露宴に呼ばれたときの前田の妻の顔を思い出した。奥さんはたしか、旧姓は内田さんといった。清楚な感じの女性だった。

「もう1つの問題ってなんだ？」

花戸はせかすように聞いた。

「それはね、お前が前田に同情して、前田の罪を軽くするために、事実を軽くお化粧して報告するのではないか、ここはこのように弁解しろと入れ知恵をするのではないか、そのほか、何かと手心を加えるのではないか、と、会社から疑われる可能性があるということだ」

花戸がまったく考えたこともない指摘であった。

「そのような場合に備えて、ヒアリングの一部始終をきちんと録音することだ。たぶん、会社はお前の情熱に期待もしているが、懸念もしている。やはり監査部か法務部が行けばよかったかな、とね。それから、本社の意向を受けてグループ・コンプライアンスのためにヒアリングに来たのだという、自分の立場を絶対に忘れないこと。この2点だね。前田氏が事実を話したら、なるべく早く監査部なり法務部に引き継いだほうがいいぞ。証拠資料の確保もあるしね」

花戸は風間の指摘を聞きながら真剣に遂一メモをとっていた。

5　前田の話

翌日の夜、花戸はフードサービスの近くにある喫茶店の奥まった席で前田と向かい合っていた。花戸は、内部通報があったと悟られないため、あくまでレストラン事業の苦労話と、誰からとなく耳にした「バンケット企画」のコンサルティング内容について聞きたいという話の組立てで質問を始めた。

コンサルティング内容について当初はあいまいな話でごまかそうとしていた前田であったが、粘り強い花戸の質問ぶりと、以前の上司としての温かさとに向き合って、最後はすべてを話した。

前田の話によると、バンケット企画の社長は内田という男らしい。〝うちだ〟と花戸は声には出さず繰り返した。もしかして、と、悪い予感が胸をよぎる。花戸の内心が伝わったかのように、前田がうなだれて「そうです」と続けた。

「社長の内田は、家内の弟です」

前田とバンケット企画の内田は、10年近く実の兄弟以上の付き合いをしてきたという。内田は前田以上の料理愛好家で、みずからも日本料理店を開業した。開店間もないころは収支トントン程度であったが、根っからの凝り性が災いして資金をつぎ込みすぎ、3年前にはついに閉店するに至った。あとには5000万円の借金だけが残った。

悪いことに、その債権者が暴力団顔負けの取立て屋を使っていたため、内田は一時自殺を考えるほど追い込まれていたという。

前田がソフィアフードサービスの社長に抜擢されたのがちょうど、そのころであった。そこで前田は内田と策をめぐらして、内田に「株式会社バンケット企画」というペーパーカンパニーを設立させ、コンサルティング料を支払う形で内田に弁済資金を与えようとしたのだという。

「義弟に借金を返させて暴力団みたいな連中と手が切れたら、必ずお金は返すつもりでした。これは本当です」

と前田は言った。

「奥さんは知っていたのか？」

「家内はまったく知りません。私がソフィアの人脈を利用していろいろと義弟に仕事を紹介してあげていると説明してあります」

前田の妻が無関係であったことは花戸にとってせめてもの救いであった。

6　結末

事件はその後、本社法務部に引き継がれた。

その結果、ソフィア製菓は、１００％親会社として前田を解任する手続きをとり、ソフィアフードサービスは自社を「被害者」として前田と内田とを「特別背任罪」で刑事告訴した。両名ともフードサービスから不当に入手した金銭を全額弁済する旨の契約書を、公正証書で作成した。前田の後任には岡田が任命された。〝岡田はキビキビした手腕と料理の専門家らしい細やかな感覚をあわせ持っている。思いきり活躍して、この暗い空気を吹き飛ばしてほしい〟花戸は心から願わずにはいられなかった。

その後、一連の事実はソフィア製菓広報部から発表された。司法当局が公表する意向を示したこともあったが、レストラン事業への進出はソフィア製菓にとって大きな意義を持つことであり、そこでコンサルティング契約をめぐる不正があったことは重要な事柄であると、橋本広報部長の反対を押し切って智田社長が決断したのであった。

2か月後、前田、内田には執行猶予つきの判決が下された。

第9話「のれんに偽り」は厳禁

——取締役と会計

1　ソフィアの生チョコに異変

年が明けて1月。ソフィア製菓が株式会社山口ショコラから「事業譲渡」の方式で買い取った（第4話）手作り生チョコ事業の店舗展開は、順調に実績を伸ばしていた。「ソフィア生チョコのお店」15店舗は、どの店も連日、若者を中心とする行列ができている。これが店舗展開だけではなく、ソフィア製菓の既存の技術と組み合わせて新製品が次々と誕生してくるようになれば、営業力もさらにパワーアップする。賞味期限など工夫の余地はあるが、ビスケットと生チョコの絶妙な組合せ商品ができたら楽しい！　花戸はその日が待ち遠しかった。

1月末になって気になる出来事が起きた。

山口ショコラからソフィア製菓に移籍してきた30名の生チョコ職人のうち、3名がほとんど同じ時期に「退職願」を提出してきたのである。退職理由は、「家業手伝い」「菓子づくりの基礎を勉強したい」「しばし充電」など、それぞれに異なっていた。

「ようやくソフィアの事業としてお客様に親しまれ始めたところだ。なんとか思いとどまってくれないか」

田中取締役は散々慰留に努めたが、3人とも退職の意志は固く、あきらめざるを得なかった。

それが異変の始まりであった。

2月に入り、「ソフィア生チョコのお店」はバレンタイン商戦でジェットコースターに乗っているような日々を過ごしたが、その後、2週間の間に3名、4名、また3名と五月雨式に生チョコ職人たちが退職願を出す事態となった。今回も慰留努力はまったく実を結ばなかった。1月末から合計すれば、実に13名の職人たちが退職したことになる。

例によって、退職理由は「しばらく『自分探し』をしたい」「友人と起業を考えたい」「父が倒れて家業を継がねばならない」などさまざまに異なっていたが、全体として1つの行動であることはもはや明らかであった。

2 調査

「おっとりした社風」と評されるソフィア製菓の経営陣も、ここに至って初めて、「誰か」が計画的にソフィアの職人たちを引き抜いていることに気づいた。

2月末、智田社長の指示で井上法務部長が調査を開始した。調査は残った17名の生チョコ職人たちに慎重に事情を聴くことから始められた。

「スカウト工作が行われているとしたら、残っている人たちも当然、働きかけを受けているはずです。ただし、調査にあたっては十分な配慮をするように。スカウトしている誰かに情報が伝わりますから」

智田社長は井上にきめ細かな注意を与えていた。幸いなことに職人のリーダー格である清水は、退職せずにソフィア製菓に残っていた。

はじめは何も語ろうとしなかった清水も、井上の「ソフィア製菓発展のために力を合わせよう」という誠実で熱心なヒアリング姿勢にやっと口を開いた。

「実は、当社のライバルである『マリシャス製菓株式会社』からの引き抜きです。私にも打診がありました。新しく『生チョコマリシャス』という事業部を作って、専門店を展開するから来ないかというのです。いまの10％増の待遇にするからぜひ、と言われました。私は智田社長や田中さん、それに新しい企画を楽しみにしている花戸さんにお世話になっていながら退職するなんて到底できないので、お断りしました。でも、ほかの者たちは気持ちが動いてしまったんですねえ……」

清水自身も寂しそうであった。退職した職人たちの様子をさぐると、直接にマリシャス製菓に就職した者は1人もおらず、13名全員が「エントランス企画」という、1月末に設立されたばかりの会社に就職していることが判明した。おそらく、マリシャス製菓のダミー会社であろう。

井上法務部長は法務局でエントランス企画の法人登記の関係書類を閲覧することにした。ソフィアの人材を引き抜くために設立された会社なのだから、ソフィアは「利害関係人」として閲覧できるはずだ。関係書類を見れば設立発起人が誰か、いつ設立の準備が始まったのかを知ることができる。

智田社長は、臨時の取締役会を開催することにした。議題は「緊急案件」とだけ記載した。

3 臨時取締役会

引き抜きへの対抗策

3月初め、ソフィア製菓の臨時取締役会が開かれた。伊藤・山本両社外取締役、社外監査役の小林、斉藤をはじめ全員が出席した。井上法務部長、顧問の佐々木弁護士も議長の要請で同席している。

智田社長は、「では始めましょう」と開会宣言のあと、

「本日集まっていただいたのは、ほかでもありません。生チョコ事業部の13名の生チョコ職人たちが一斉に退職した件について、善後策をどうするかを検討するためです」

と説明した。井上法務部長が事実経過について報告すると、すぐに審議が始まった。

❖引き抜きは違法？

「マリシャス製菓をやっつけることはできないのですか？」

井上法務部長の報告を聞いてマリシャス製菓のダーティな引き抜き作戦だと知った花戸は、自分を抑えられずに発言した。

マリシャスにしてみれば「ソフィア生チョコのお店」が目の前で着々と成功しているのを見て、焦りが生じたのだろう。だが、このダーティな仕掛けは論外だ。ダミー会社まで使うとは、なんという汚いやり方だ。そういえば、マリシャスはいつもソフィアのヒット商品の「そっくり商品」ばかりを出してくる。どんな手を使ってでも利益さえ上げればよいと思っている会社なのだ！

「佐々木先生、どうなのでしょう。こんなダーティなやり方に対しては、何か法的アクションが取れるように思うのですが……」

花戸の質問に「法的に言えば……」と佐々木弁護士はクールに話し始めた。

〝まったく、いつも冷静なのだ、佐々木先生は！　たまにはわれわれと一緒に腹を立ててくれたっていいじゃないか。顧問といえば身内も同然なのだから……〟

花戸は歯がゆい思いで聞いていた。

「法的にいえば、ライバルの従業員をスカウトすること、それ自体は違法ではありません。経済社会における自由競争の範囲内です。ただし、ウソをついたり、スカウト方法が自由競争の限度を超えたりしている場合は別です。支払う気のない高額な報酬をちらつかせるとか、『あなた以外の全員が、もう移籍に同意しているぞ！』とかですね。また、『移籍しないとただでは済まさないぞ』と脅すのも違法です。こうした不当なスカウト手段が用いられているとしたら、不法行為になります。本件は、まだその点が明らかになっていません。そこは継続して調べていただきたい点です。

それに、井上法務部長のご報告によれば、退職者はまだマリシャス製菓に就職したわけではなく、『エントランス企画』とかいうところに就職しただけらしいですね。この段階では、まだ実際に競業行為、妨害行為が始まっているわけではなく、法的アクションは難しいです」

「ダミー会社を使っている効用ですか……」

佐藤常務が皮肉っぽく言った。

❖ダミー会社の実態

「そこなんですが……」

井上法務部長が資料を示しながら報告する。

「エントランス企画を調べてみたら、事業目的は『料理教室の運営など』となっています。設立時の株主は、なんとマリシャス製菓が70％です。あとの30％は誰だと思われますか？」

「だれなんだ？」

花戸と田中取締役がユニゾンで言った。〝クイズなんか、やっている場合か！〟

「それが、山口さんなのです。山口ショコラ元社長の……！」

一同、しばし沈黙した。山口氏は父親の不動産で賃貸業をしてのんびり暮らすのではなかったのか。事業譲渡のときに調査した段階では、実際に、不動産事業で生計を立てていく準備をしていた。客観的にはまぎれもなくそのように見えた。

「そうですか。マリシャスの背後に山口さんがおられるから、それで、職人さんたちのほうも移籍する気になったのですね。『まだ、山口さんに教えてもらうことがあるはずだ』『山口さんが会社を作るなら、また指導を受けられる』と、そう思ったわけか」

しばらくして、渡辺専務が静かな口調で言った。山口氏を担ぎ出すところがマリシャスらしい陰湿なやり方だ。

花戸は井上法務部長の報告をムカムカする思いで聞いた。「エントランス企画」という名前だって、職人たちがマリシャス製菓に入るための「入り口」というつもりで付けたに違いない。人を食った社名だ。花戸の怒りは膨らんでゆく。

❖ 不正競争防止法を根拠に警告を！

「不当なスカウト方法が行われていた証拠が集まれば、エントランス企画自体が生チョコ専門店を開始した段階で、または職人さんたちがマリシャス製菓に出向や移籍して、当社と競合する事業を始めた段階で、『不法行為』の損害発生を防ぐための差し止め請求ができる可能性が出てきます。また、ソフィアの生チョコ店とそっくりの店舗レイアウトやコンセプトを使って、お客さんがソフィアとマリシャスを間違える危険性が出てくれれば、『類似商法』ということで不正競争防止法による差し止めの可能性も出てきます。

それと、『**顧客名簿**』を持っていかれていませんか？『ソフィア生チョコのお店』ではリピーターのお客様にカードをお作りしていたと聞いています。その顧客データを取られていませんか？」

「すぐに調べます！」と井上法務部長は緊張の面持ちで言うと、あわただしく会議室を出て行った。データをコピーして持ち出した記録がないか、退職者らのパソコンを調べるのだろう。

「いまの段階で取れる手段は……」

佐々木弁護士が続けた。

「不正競争防止法に基づいて『エントランス企画』宛に警告することです。13名の職人さんたちが持っている生チョコづくりの、製造原料、配合、製造技術、微妙なノウハウ、レシピ、それに新製品の企画などは、すべて当ソフィア製菓が所有する**企業秘密**です。企業秘密は、『**不正競争防止法**』で『**営業秘密**』として守られています。これら企業秘密は、事業譲渡で当社が山口ショコラから買った以上、すべて当社のものです。そこで、エントランス企画がマリシャス製菓の事業を始めるころを見計らって、次のような文面の書簡を送るのです。

『貴社は当社の元従業員を雇用しておられるようですが、その人たちは当社の生チョコ事業部門に勤務されていた方々であり、その方々が持っている生チョコの製造に関する情報は当社が所有する企業秘密です。退職後といえども、その方々は当社に対して守秘義務を負っておられます。それを知って貴社が開示を求め当該企業秘密を得て使用されますと重大な法的問題となります』

という内容です。私の経験上、これは最も効果的なけん制手段になります」

「でも、先生。退職した職人たちは『これは、自分自身で開発したノウハウであり、ソフィア製菓の技術ではない』と反論するのではないでしょうか？」

渡辺専務が聞く。

「たしかに、そういう反論もありえます。けれども、元々山口ショコラのノウハウであり、当社に移転したノウハウと、自分自身で開発したノウハウとを分けろと言ったら、大変でしょう。もし、それを裁判手続きの中で行うとしたら、大ごとになります。自分個人のノウハウだと言うためには、勤務時間外に、勤務目的と関係なく、まったく独自に開発したという証拠が必要ですからね。ですから、法的アクションになれば、そうした難問が待ち受けていると知ってもらう、そのことが十分なけん制効果を生みます」

佐々木弁護士が落ち着いて説明する。

「なるほど、レシピなどの開発段階でいちいち記録を取っておかないことには、会社のノウハウと自分のノウハウとを分けるのは難しいですね」

渡辺専務の声を聞きながら、花戸は、相変わらず冷静に説明を続ける佐々木弁護士を見つめながら、この人は、本当は静かな情熱を秘めたパワフルなプロフェッショナルなのかもしれないと、認識を変え始めていた。

そこに井上法務部長が戻ってきた。

「佐々木先生、退職したある職人さんのパソコンに、『「ソフィア生チョコのお店」』15店舗の顧客データをコピーし、自分宛に送信している記録が残っていました！ 使えますか？」

「そうですか！ その点も、『退職した職人さんが持っている顧客データを、仮にエントランス企画が使えば不正競争防止法違反になりますよ』と、有力な警告の根拠にできます」

佐々木弁護士が力を得たように答えた。

減損処理について

「お話をうかがっていて、気になることが出てきました」

伊藤取締役が話し始めた。伊藤取締役がコメントするときは、他の役員らがちょっと気づかないような重要問題であることが多い。

「われわれは、山口ショコラからの事業譲渡を受けた昨年9月の第二四半期決算で、たしか3億円の『のれん』を無形固定資産として計上しました。『のれん』というのは、山口ショコラで培われてきた、製品開発力、多額の投資をして育成された30名の専門家、製造ノウハウ、ブランド力、熱心なファン層、ライバルがいないこと、などのブランド力、顧客吸引力を総合した『超過収益力』という無形の財産です。それをわれわれは、３億円と評価したわけです。

その価値の根源をなすものの大半は、『30名のカリスマ職人の方々』であったと思います。そのうち13名が退職してしまった。その影響を考えると、残念ながら、『のれん』の価値は大きく損なわれていると考える必要があります。そこで、『減損処理』をしなければいけないのではないか、と感じるのですが……」

「毎年、減価償却はします。10年償却の予定なので、毎期３０００万円を償却する予定です。現に、取得時から今日に至るまで、月次決算において減価償却を実施しております」

佐藤常務が事務的な口調で言った。

「いや、その減価償却だけではなく、13名の職人さんたちがいなくなるという『のれん』の価値持続上、重大な事象が起きた今の時点で、特別に減損処理をしなければいけないのではないかと、思うのです」

伊藤取締役が静かだが、確固とした口調で言った。

「13名がいなくなったことは、現場にどのような影響を与えますか？」

智田社長が田中取締役に聞いた。

「15店舗には2名ずつ職人さんを配置していました。ベテランと若手という組合せです。今回の退職者はベテランと若手が半々といったところで、15店舗、すべてについて配置を見直さなければなりません。他府県から応援を頼むなどしてなんとか急場はしのげますが、『戦力半減』という実情は否めません。店の評判にも甚大な影響は出ると思います。ソフィア独自の育成で元の体制に戻せるには、数年はかかると思います」

田中取締役も苦しそうであった。

そのとき、佐藤常務が、

「私は、従業員が集団退職したなんて、あえて会計処理で明らかにする必要はないと思います。田中取締役のご説明でも、急場はしのげるし、数年で元の体制に戻れるそうではないですか。会計監査人の先生方の意見を聞いて慎重に判断されたらどうでしょう」

と発言した。やはり、あまり会計処理に手を付けたくないらしい。

「よく、わかりませんが……」

花戸はいつもながらの素朴な物言いだ。

「取締役会としては、正直に13名の退職を明らかにするべきだと思います。そのために必要なら会計処理もきちんと行うべきではないでしょうか。13名の退職で『のれん』という財産が減少したなら、会計処理もそれに従うべきだと思うのです」

花戸は、理屈はうまく言えないが、30名の生チョコ職人のうち13名も大量に退職した事実は公表すべきだと思うのだ。事業譲渡を受けたときは、「ソフィア製菓、山口ショコラの事業を獲得」とか、「15店舗と30名のショコラティエをそのまま引き継ぐ」とか、華々しくリリースしたではないか。良いときだけ公表して、都合が悪くなると公表しないというのはおかしい。実感を込めた花戸の発言であった。

「わかりました。伊藤取締役のご指摘は重要と考えます。花戸取締役の言葉も率直で、重みがあります。会計監査人の意見も聞いて、1週間後に改めて臨時取締役会を開きましょう。佐々木先生、井上さん、法的アクションの件も、それまでにさらに情報収集と準備をお願いします」

智田社長が締めくくった。

4　会計とは経営者の「説明責任」――風間弁護士の話

のれん

「『中身は言えないが、のれんの一般論を教えてくれ』って、いつものパターンか」

風間弁護士はヒラメの刺身をつまんで燗酒をぐいっと飲みながら言った。3月初めとはいえまだまだ肌寒い。

「『**のれん**』というのはね、動産、不動産みたいに目には見えないが、その技術力、ノウハウ、商売のやり方、ネームバリュー、固定客、ブランド力、その他もろもろだな。とにかく、それらの総合的な魔力みたいなものがあって、それでお客さんが来てくれる。それを『のれん』と言うのだ。会計では『**超過収益力**』と言う。M&Aなどで他社の事業を獲得したとき、目に見える資産を時価で評価した金額以上に買主が高い買値をつけたとき、その上回る金額が『のれん』ということになる。それをバランスシートの資産項目に『無形固定資産』として計上するのさ。目に見えないとはいえ、立派な財産だものな」

「でも、それがどうして年々、減っていくのだ」

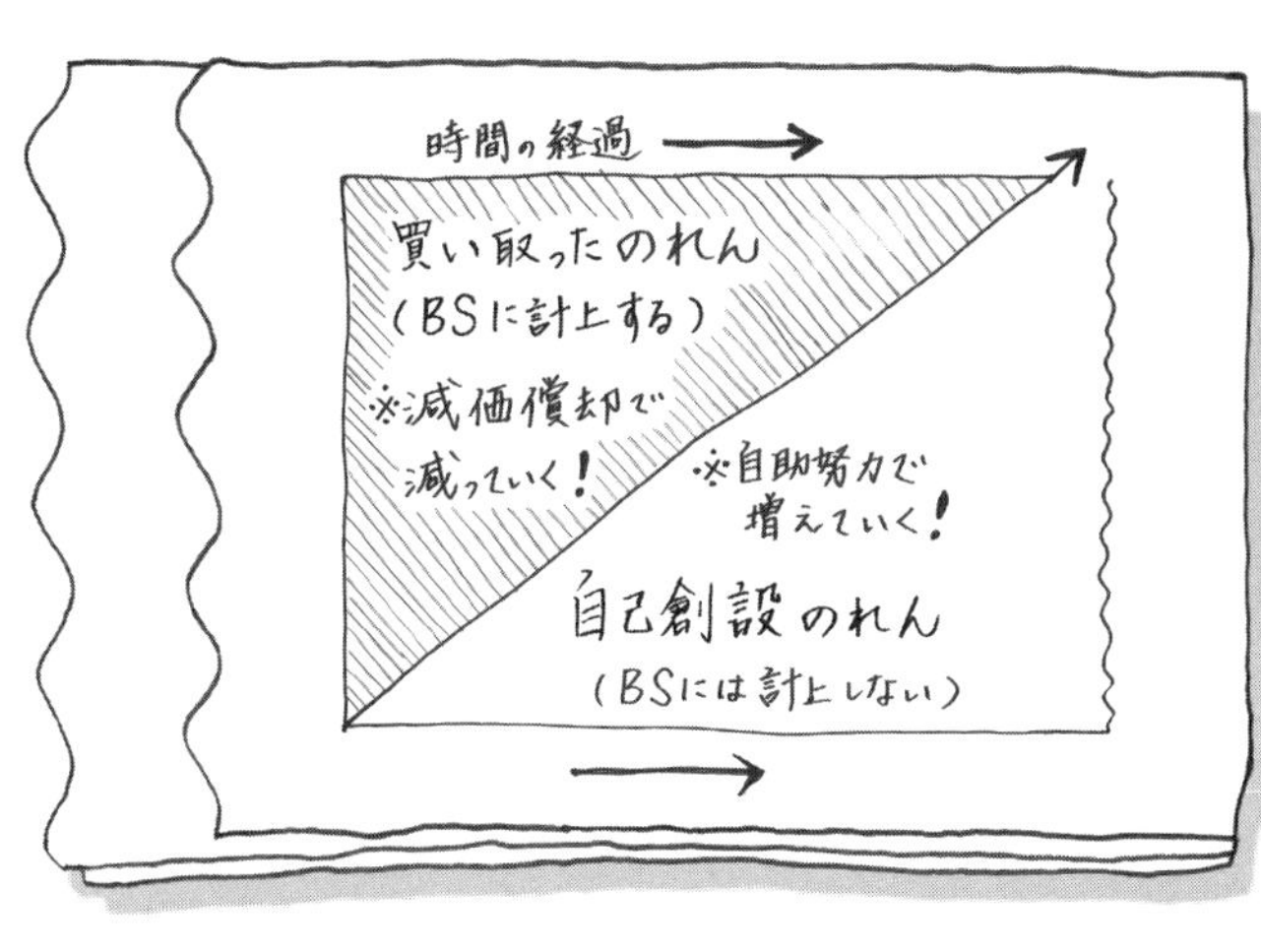

「純粋にM＆Aで獲得した顧客を呼び寄せる力は年々、減っていくじゃないか」

「そこがわからないんだよ。だって、企業努力を続ければ、現実には顧客は減らないだろう。むしろ、努力次第で、年々増えていくだろうし、俺としても、増えないと困る」

「おお、ちょっとばかり本音が出たね。そうだよ、現実には企業努力でお客さんは増えていくだろう。けれども、それは他社から獲得した『のれん』の力ではなく、自社の努力で築き上げた顧客吸引力に置き換わっているのだよ。会計では『**自己創設のれん**』というのだけれどね。

ところが、会計上、自己創設のれんは理屈ではありうるが、バランスシートに資産として計上することは認められていない。認めると、評価が『お手盛り計上』になってしまい、危険だからだとされている。その結果、他社から獲得した『のれん』が一定期間の減価償却でなくなって、中身は実質的には自己創設のれんに置き換わってゆくのだ。以上、終わり！」

風間は「以上、終わり！」に、もう質疑は終わりにしてゆっくり飲もうよという決意表明の気持ちを込めてきっぱりと言った。が、それでも紙ナプキンに図（239頁）を描いてくれた。

減損処理

「それで、お客さんを呼び寄せるパワーが激減するような特別なことが起きたら、『のれん』も減損処理するのか」

「そんなことが起きたのか？」

「あっ、一般論、一般論……」

「それはもちろん、客観的に見て顧客誘引力がなくなったとか、激減したという事象が発生したら、減損処理しなくてはいけないな。だって、株主も社会一般も、あの『のれん』の力がどうなっているのかって知りたいところだからね。たとえば、この『澄っこ』だって、このうまい酒の豊富な品揃えと、おでんと料理と、この椅子の座り心地と、それと……あの亜美ちゃんと。これらが総合して顧客吸引力になっている。このどれかが欠けても、減損処理すべきだな。特に亜美ちゃんが欠けたら、全損だ！」

亜美ちゃんは風間弁護士がお気に入りの女子店員だ。くるっとかわいい目をして、いつもニコニコして注文を取り次いでくれている。ときにはお酒を注いでくれることだってあるのだ。

「あ……ようくわかった……」

花戸はもう最後の質問にする潮時だと直感した。あと５分で風間は酔ってしまう。長年の付き合いで、どの段階で風間が酔ってしまうかを直感できる花戸であった。

会計とは？

「それで、最後の質問なんだけれど」

花戸は急ぎ込んで聞いた。あと５分しかない！

「会計というのは、ちょっとした変動があってもいちいち、株主さんや世間一般に発表しなければならないものなのか」

「会計情報は開示するのが原則なのだ。ほんのわずかな、株主さんが聞いても意味がないような変動は別としてな。株主さんが聞きたがるだろうなと思われる情報は、すべて開示すべきだよ、そうした姿勢を経営者は持つべきだ」

急に風間がまともな目つきになった。残り時間が少し増えたかもしれない。

「株式会社というものはな、株主さんから大切な資本をお預かりして、取締役が善管注意義務に従って、大事に、大事に、その資本を活用して利益を上げるためのシステムなんだよ。だから、会社に関することは原則として株主さんに報告するという経営姿勢が正しい。例外的に開示しないでよいのは細かな情報や変動で、規模的にみても、質的にみても、株主さんにいちいち報告するまでもない事柄だろう。それでも、経営者は株主の立場に立って、本当にその例外的な場合にあてはまるのかを常に自問自答すべきだ。それが……」

「『委任の本旨』だな」

「わかってきたじゃないか！」

「でも、証券取引所で『適時開示基準』というのがあるじゃないか。広報部なんかそれに基づいて開示すべきかを判断しているよ。それでいいと思うが」

❖ 会計とは取締役の説明責任

「根本的には違う！」

風間が力んで言った。完全に素に戻った。

「会計というのは経営者の責任事項なのだよ。だいたい、会計という言葉は英語で、**アカウンティング**（Accounting）というだろう。アカウンティングとは『説明』という意味じゃないか。株主さんから経営を『委任』された取締役が、株主さんから預かった大切な資金をこのように運用しました、と説明するのだよ。今の世は『**説明責任**』という言葉が流行りだろう。経営者は会社経営のあらゆる事柄について株主さんに『説明責任』を負っている。会計は資金にからむことだから、経営者が『説明責任』を負っている事柄のうちでも最も重要なことの1つだ。適時開示基準も取締役から開示実務を行うよう指示されている広報部やIR部が『参考』に使うには大いに結構だが、最終判断は経営者が下すべきことなのだよ。会計処理もそうだ」

「会計処理は、会計監査人が決めることではないのか」

「違う！　会計監査人は経営者が判断して行った会計処理が、『公正妥当な会計の慣行』に従っているかを検討、監査するのが任務だ。会計処理について『説明責任』を負っているのは、あくまで経営者だ。そういえば、最近、『会計監査人のご意見に従って』と言って、会計監査人に責任を押し付けようとする経営者がいるが、けしからんよ。

会計処理について『説明責任』を負っているのは、あくまで経営者だ」

風間弁護士の言葉に繰り返しが出てくるのは酔った証拠だ。

「すまない、ありがとう。会計は取締役の責任事項だということがよくわかった」

花戸は飲みながらも熱っぽく教えてくれる風間に対する感謝の気持ちでいっぱいになり、思わず上を向いた。うるっとしながら眼を元に戻すと、風間はホタルイカの酢味噌和えに真剣に取り組んでいた。

5 再度の臨時取締役会

1週間後、再度の臨時取締役会が開催された。

最初に佐藤常務から会計処理について報告があった。この数日間でソフィア製菓の会計監査人である、東西監査法人と集中して協議したとのことであった。結論はやはり減損処理を行うべきということである。

「のれん」は当初は3億円と評価され、今期は、最初の償却を、取得時の10月から3月末まで6か月分の償却をして、2・85億円となっていた。そこに「15店舗30名の職人」の体制から「15店舗17名の職人」に激変したことで、新しい体制のキャッシュフローを測りなおした結果、「のれん」を減損して1・4億円とするのが妥当である、とのことであった。

前回は減損処理に渋い顔をしていた佐藤常務も東西監査法人と綿密にやり取りして、集団退職後の「のれん」を再評価する重要性を理解したためか、さっぱりとした表情で減損処理必要の提案を行った。

花戸も、「経営者の説明責任」の観点から減損処理を適正に行って開示すべきだと力説した。

「半分近くのプロがいなくなり、２名１組体制が困難になっています。それに、世間も重大に受けとめるでしょう。そう考えると、くやしいことですが、お客さんを呼び寄せる力が実質的には半減したと言わざるを得ません。けれども、そのことを株主さんにお伝えして説明するのが、われわれ取締役会としてなすべきことだと思います。説明責任を果たすべきです」

中村監査役は、

「監査役としても、その処理方法に異存はありません。適切だと考えます」

と監査役としての意見を述べた。小林監査役、斉藤監査役も異存はなかった。

「では、この方法で減損処理をすることにしましょう。13名の退職と、それに伴う今回の会計処理は大変に残念なことです。しかし、取締役会としては、新たな人材の育成を急ぎ、わが社の経営資源としての生チョコ事業の展開に全力を挙げる決意を固めるということで、株主さんのご理解を得るよう努力しましょう」

と、決議の成立と今後の事業展開の方向を示して議論を締めくくった。社外取締役の伊藤、山本も満足そうであった。

❖ 警告書の送付

同時に、エントランス企画に対しては「移籍している13名はソフィア製菓の元従業員であり、顧客データを含め、その有する企業秘密は当社に権利が属しているので、不正に使用すれば差し止めと損害賠償の対象になる」との警告書を、佐々木弁護士を代理人として送付することも決定した。

井上法務部長の調べによると、山口氏は、マリシャス製菓が13名をスカウトする際に、職人の人たちに移籍を促すために無理やりに利用された模様であるとのことであった。山口氏自身もマリシャス製菓に利用され、「名前を貸しただけ」というのが実状のようである。

少なくとも、山口氏が主体として今回の引き抜き劇を仕組んだのではないと知って、花戸は少しだけ心が和らいだ。

エピローグ　明日に向かって

1　総会までの日程

4月初旬、ソフィア製菓の定例取締役会が開催された。審議事項は6月に予定されている定時株主総会の準備として、役員人事の件1件だけである。遠藤総務部長も同席していた。

智田社長に促されて冒頭に遠藤は総会までの日程を説明した。

「今期は生チョコ事業部の問題で減損処理の課題もありましたが、決算は順調に進んでおり、今月の中旬過ぎまでには計算書類、事業報告、それらの附属明細書の作成も終了できる予定です。その後、計算書類などは、監査役の皆様による監査と、東西監査法人による監査を経て、5月中旬に予定されている**『決算取締役会』**までにはご提出できる予定です。証券取引所が求めている**『決算開示45日ルール』**がありますので、間に合うよう、万全を期して手続きを進めます」

「45日ルール」とは花戸も聞いたことがある。証券取引所の要請によるルールで、決算日から45日以内に決算内容をまとめて「**決算短信**」として発表しなければならない。3月末決算だと「45日目」はちょうど5月の中旬になる。その日までに監査役と会計監査人の監査を終えて、その結果について取締役会で承認決議し、すぐにディスクローズを行うことになる。

花戸はこれまで決算の流れについては気にしたこともなかった。だが、「取締役」として遠藤の報告を聞いていると、決算手続きがまったく別のものに思えてきた。〝5月といえばゴールデンウイークがある。その合間を縫って監査を行ったうえで、取締役会決議を経て開示する、そのすべてを5月中旬までに行うのか……。決算というのは実に大変なことだったのだ〟。花戸は改めて実感した。

遠藤はさらに定時総会の日時や場所に関するプランも報告した。法律上、有価証券報告書は決算から3か月以内に財務局に提出する必要がある。多くの会社が3月決算であるため、エンドは6月末だ。必然的に決算の報告や承認を行う総会の日は、どの会社も6月なかごろになってしまう。他方、「株主尊重」の観点からは、「集中日」を極力避ける必要がある。複数の会社に投資している株主はどの会社の総会にも出席したい。また、総会を行う「場所」についても、ホテルなど外部施設を借りる場合は予約が重なるおそれがあるため、早々に手を打たなければならない。

花戸は総務部の苦労が、少しだけわかった気がした。

2 役員人事の決定

遠藤総務部長の報告が終わるのを待って、智田社長が「今日の審議事項は1つだけです。役員人事の件です」といつもの落ち着いた声で言った。取締役会の雰囲気がキリッと引き締まった。

「われわれ取締役は定款上、任期が1年ですので、7名全員が総会終了時に任期満了となります。そこで『取締役選任の件』が総会の議題となりますが、渡辺さん、佐藤さん、田中さん、花戸さん、伊藤さん、山本さん、そして私と、この7名を取締役候補として株主総会に提案することにしたいと思います。いかがでしょうか？」

「異議ありません」

取締役全員が賛成した。

花戸は、再任に向けて実際の手続きが始動したことが嬉しかった。先日、智田社長から

「来期も取締役をお願いしますよ」と内示があったときからわかってはいた。だが、やはり取締役会で確認されることの重みは違う。あとは6月総会で、株主さんたちに無事に再任してもらうことを願うだけだ。

「では、取締役候補はこの案で行きましょう。監査役は、お三方とも任期中なので改選はございません。6月総会の招集を決める『決算取締役会』が5月に予定されています。そのときに剰余金の配当などと合わせて、『総会の議題』として最終的に今日の役員人事案を再確認いたします」

智田社長が締めくくった。

3 「オンライン総会」？

「以上で取締役会の議事は終了し、閉会としますが、今日は、役員の皆さんとともに『自由ディスカッション』として、『オンライン総会』について意見交換をしたいと思います。別に決議するわけではなく、今後の参考とするためなので、率直なご意見をお聞かせください」

智田社長は閉会を宣言したあと、こう付け加えた。そういえば、今日の招集通知には「予定時間1時間」と書いてあったが、開会からまだ10分しか経っていない。今日は自由ディスカッションがメインだったのだと、花戸は理解した。で、〝オンライン総会〟ってなんだ?

「ご承知のとおり、昨年末から突然変異型のスーパー・インフルエンザが猛威を振るっています。わが社にも感染者が複数、出ています。医療関係者は感染を防止するために『外出を控えるように』と呼びかけています。感染をこわがる株主さんに総会場まで来ていただくのも申し訳ない気もします。そのため最近では、『株主総会もオンラインで行うことを考えるべきではないか』という意見も出ています。『オンライン総会』ですね。

それに、インフル対策ばかりではなく、大地震や超大型台風による大洪水など、交通が途絶した場合もオンライン総会を行うことが考えられます。

そこで、今日は今後のために、オンライン総会の是非や問題点などについて、意見交換をすることにしました。法律論も関係するので、顧問の佐々木先生に来ていただいて、別室で待機いただいています。よろしいでしょうか」

最近は担当者間でオンライン会議を開くことも多くなっている。一同、それぞれにオンライン会議については言いたいことがあるらしく、好奇心に満ちた目を輝かせている。「いいですよ！」と異口同音に応えた。

そこへ佐々木弁護士が「こんにちは！」と、さわやかな笑顔を浮かべながら入室してきた。

4 「オンライン総会」が認められるためには

「佐々木先生、まず、オンライン総会に関する議論の現状を教えていただけますか？」

智田社長がうながした。

「オンライン総会は、以前からも、『遠いところにいる株主さんも出席できるように』ということで議論されてきましたが、最近はスーパー・インフルの感染が拡大していることや、大災害の発生に備えるためということで関心が高まっているようですね」

佐々木弁護士が話し始めた。

「通信システムの発達で、最近はみなさんのお仕事でも『オンライン会議』が増えていると思います。それなら、株主総会もオンラインでできるのではないかということです。取締役会については、会社法の施行規則に会議の場所に『存しない』取締役・監査役がいるときはそのことを議事録に残すようにという規定があります（101条3項1号）。会議場にはいない取締役・監査役も議事に出席したことにできると認めているわけです。また、判例でも、会議場の外にいる役員も、テレビや電話など即時性と双方向性を満たすツールを使うなら、取締役会に『出席した』ものとして扱ってよいと言っています」（福岡地裁11・8・9判決）。

「即時性と双方向性って、よくわからないんですけれど……」

と、山本取締役が質問した。もちろん、花戸もわからない。よく聞いてくれた。

「あ、すみません！　この用語を言い慣れているものですから、つい……」

と謝りながら佐々木弁護士は説明する。

「『**即時性**』というのは、参加している取締役や監査役の発言が他の参加者に即時に伝わることです。タイムラグがあってはいけません。また、『**双方向性**』とは各参加者がお互いに自由に意見交換、意思疎通ができるということです。まるで本当に同じ会議室にいるように、やり取りできる必要があります。この点、裁判所の判断は厳格です。取締役会が行われている会議室の外にいる取締役が会議室に携帯電話で電話したのですが、会議室の固定電話にはスピーカーフォンがなく、固定電話を持っている人以外は携帯の声を聞くことができなかったこと、また外の取締役に話ができるのは固定電話を持っている人だけであったこと、この2点を指摘して、外の取締役は取締役会に出席したとは言えないとしています。お互いに音声が受発信できることが必要だったのですね。

さらに取締役会では出席している役員たちの表情や身振りも実際上は大切です。提案に対して渋い顔をして首をかしげているとか、笑みを浮かべているとかですね。音声と映像の、即時性と双方向性があることが理想的です」

すかさず智田社長が、

「すると、音声と映像との、即時性と双方向性が確保できれば、総会場の外にいる株主さんも総会に『出席』できるということですね？」

と佐々木弁護士に確認する。

「そのとおりです！」と、佐々木弁護士は智田社長の回転の速さに驚いたような表情で答えた。

5　総会とデュープロセス

「問題はＩＴ（Information Technology）の技術で、音声と映像の即時性と双方向性とを、どこまで確保できるかです」

と佐々木弁護士は続ける。

「いまの世の中では、ほとんどの場合、株主総会の議題は『議決権行使書面』の事前送付という、『書面投票』が行われており、それによって総会を開く前にすでに結果は出ています。ですから、『株主総会はもはや形式だけだ。実際に開催する必要もない』などという意見も出ています。

けれども、私はそう思いません。たとえ書面投票で結果が出ていようとも、『総会』という場で計算書類や事業報告を見て疑問を持った株主さんが『質問』をすることができる、それに対して役員が誠実に『説明』する、そうした段階を経て『採決』が行われる、こうしたきちんとした手続きを踏むことが必要なのです。このように、きちんとした手続きのことを**『デュープロセス』**といいますが、デュープロセスを踏んで採決する、それが株主総会の基本原則なのです」

「ということは、質問、説明、採決の流れが、とどこおりなくITシステムでできるか、が問題なのですね」

渡辺専務が聞くと、佐々木弁護士は大きくうなずいた。

「そうです。そこが、心配ですね。当社の株主さんは約5000人とうかがっています。オンラインで総会に出席される株主さんは、そのうちの何人くらいになるでしょうか。いずれにしても、オンライン出席される株主さんのすべてが、議長の指名により質問できる機会を与えられる必要があります」

「遠い所に住んでいるので今までは出席をあきらめていた株主さんが、続々とオンライン出席を希望するでしょうねえ……」

佐藤常務が感情を表さない顔で発言した。

「いいじゃないですか。どの株主さんも出席できるようになるなら……。積極的にオンライン出席を検討すべきですよ」

山本取締役が良く通る声で発言した。

「しかし、実際のところ、現状のＩＴシステムでは、佐々木先生がおっしゃるデュープロセスを尊重する議事進行を確保できるシステムや器材を整えるのは難しいのではないでしょうか。5000人の株主さんのうち1割の方がオンライン出席を選んだとしても、500人です。その質問、動議、意見、賛否を確実に反映するのは困難でしょう。しかも、システムに問題があれば総会決議取消の訴訟にもなりうる」

伊藤取締役が、いかにも多くの企業の運営にアドバイスをしてきた経験者らしい口調で発言した。

6　完全オンライン総会

「皆さんがおっしゃっている点はまさに、オンライン総会に関して世の中で議論となっている点です。けれども、法制度はさらに進んで、会社が総会場を用意しなくても、希望する株主全員がオンラインで『総会』に参加できる、『**完全オンライン総会**』を認めています。総会場はもはや現実にはなくネット上にだけあるので、バーチャル総会、しかも、出席希望者全員がオンライン参加なので『バーチャルオンリー総会』と呼ばれています。認められる要件は、①上場会社であること、②定款に完全オンライン総会ができると定めること、③システムトラブル対策などを講じていることについて行政当局の確認を受けること、④株主が100人以上であることなどです（産業競争力強化法等の一部を改正する等の法律66条）。いずれ、当社も検討するときが来るかもしれません」

「それは、また、大変に厳格な要件ですね」

智田社長が驚いたように言った。

「そうですね。法律は、会社は株主総会を開く『場所』を決めなければならないとしていますので、ネット上の世界を『場所』と呼ぶのは抵抗があったからでしょうね」

佐々木弁護士が答えた。

「難しい議論はわかりませんが、私は！」

花戸は大きな声を上げた。

「オンライン出席については賛成ではありません。まして、完全オンライン総会なんて行うべきではないと思います。株主さんは会社のオーナーでしょう。その株主さんは望むときは総会場に来て、役員たちの顔を実際に見て発言する権利があると思います。『完全オンライン総会』など、そういう株主さんの権利を奪うものじゃないですか！」

花戸は皆の議論を聞いていて胸のうちに高まってきたものを一気に吐き出す。

「取締役、そして監査役も会社から委任を受けています。でも、本当の委託者は株主さんでしょう？　私は株主さんから経営理念である『おいしい笑顔、豊かな心』を実現してほしいと委託を受けていると思っています。その委託に真っ正直に応えることが『委任の本旨』であり、取締役、監査役の使命ではないですか？」

花戸の言葉はさらに高まってくる。

「昨年6月総会で取締役に選任されたとき、私は胸が熱くなりました。ずっと前に私が直営店の新任店長だったころ、一緒に働いていた店員の方々がリタイアして株主になって、会場に来てくれていたのです。その方々が私を含む取締役選任議案の賛否が問われたとき、ニコニコしながら皆一生懸命に拍手して賛成してくれたのです。『花戸さん、がんばって！』という声が聞こえた気がしました。

だからこそ、私はこれまでがんばってこられたのです。株主さんと役員の関係も、突き詰めれば、人と人の信頼関係だと思います。総会は株主さんという『人』と役員という『人』とが触れ合う場であるべきだと思います」

静かに聞いていた佐々木弁護士がほほえみを浮かべながら、染み入るように言った。

「花戸さん……花戸さんの熱意、よくわかりますよ！　どんなに進んだシステムもその熱意を伝えるのは難しいかもしれませんね」

しばらくして智田社長が、「今日はすばらしく良いディスカッションができました。それぞれにさらに考えましょう」と、議論の終わりを告げた。

7　明日に向かって

翌日、花戸はオンライン総会に関する議論の余熱を抱えたまま、ソフィアフードサービスのレストランに向かった。生チョコとソフィア自慢のクッキーを組み合わせた新製品をお土産用にと頼まれていたのを納品したので、その評判を聞くためであった。だが、本当はもう1つ、目的があった。前田の退任を受けて社長を引き継いだ岡田美穂社長が、料理担当者らの監督に加えて会社全体の運営まで任されて、さぞ疲れ果てているだろうと、花戸は心配でならなかったのだ。

だが、レストランに併設されているオフィスのドアを開けると、予想とはまったく違う光景がそこにあった！　社員に囲まれた岡田は全身が輝いていた。

「花戸さん！　生チョコクッキー、ありがとうございました。お客様に大評判です。いま、お客様に書いていただいた自由記述アンケート『お客様の声』をみんなで読み合わせているんです。どのアンケートにも、『お料理も最高！　お土産はダブル最高！』、『お土産だけ、買いたい』などなど。花戸さんが田中生産本部長に無理して頼んでくださったおかげですよ」

そうだ、お客様の笑顔、その笑顔が生み出す豊かな心。それこそがソフィア製菓が真に目指すものなのだ。委任者である会社の向こうには株主さんがいる。そして、その株主さんの向こうには、究極の委託者であるお客様がいるのだ。そのお客様に奉仕することこそ、株主さんが望んでいることなのだ。

いつの日か株主さんたちの繊細な感情までオンラインで伝えられるシステムが登場するかもしれない。だが、自分が目指すべきは「お客様の笑顔」なのだ。その目的に向かって、自分は今までどおりに突き進めばよい。

花戸の感慨深げな表情を見ながら、岡田社長は戸惑ったような笑顔を浮かべていた。

オフィスの窓越しに、向かい側の満開の桜が見えた。

おわりに

「取締役の義務と責任について、取締役の1年間に即して説明する本を書いてほしい……」中央経済社からご依頼をいただいたとき、「1年間に即して」という言葉が強いインパクトを私にもたらしました。

取締役に関する法律事項を解説した本は多々ありますが、時間の流れに即して書かれた本はこれまでなかったと思います。

「時間の流れ」とは、基本的には株主総会で取締役として選任され、取締役会で担当が決められ、決算を経て翌年の株主総会に至るまでの時間、ということでしょう。「取締役の春夏秋冬」というか、それ自体すごい発想です。

でも、せっかく時間の流れのなかで取締役の義務と責任を説明するなら、読者の分身といえる一人の取締役を設定して、その取締役に、商品リコールやM&Aの決断など、さまざまな試練に遭わせたらどうか。試練に立ち向かう過程で、善管注意義務などの基礎事項を、身をもって学んでゆく物語にしたらどうか、と思いつきました。

その取締役の1年間は、平穏な「春夏秋冬」ではなく、「花と嵐の激動の1年」になることでしょう。どうせなら、主人公の名前もそのままズバリ、「花戸嵐」にしようと考えました。

こうなると面白さがふくれ上がってきました。

花戸氏は法律にはうとい設定ですから、だれかが親身になって法律をわかりやすく説明する必要があります。その役割には、会社の顧問弁護士は向いていません。というのは、顧問弁護士は会社全体の利益を背負っていますので、花戸氏にざっくばらんに法律の説明をしたり、個人的に相談に乗ってあげたりすることには無理があるからです。

そこで、大学時代に一緒にバンドを組んでいたことのある弁護士を設定することにしました。その名前はビートルズの名曲「エリノア・リグビー」に出てくる、誰も聞いてくれないお説教を一生懸命に書いている寂しがりの神父、ファーザー・マッケンジーにちなんで「風間賢治」にしよう、会社の役員たちには、これまで私がお会いした敬愛する経営者の方々の横顔を反映させよう……次々とアイデアが浮かんできました。

私は、これまでいくつかの本を書いてきましたが、企画の段階でこれほど楽しかったことはありません。

改訂にあたっては、近年、M&Aが増加傾向にあり、なかには買収側と対象企業の株主の議決権数が拮抗する場面も現れており、改めて「1人の株主」の意見の重さがクローズアップされています。主人公の花戸取締役は株主の委任をどう受け止めているかという視点からその問題も取り上げました。

物語を書くのはとても難しかったのですが、また楽しいことでもありました。登場人物の個性を描くことが大きな喜びとなったからです。直情径行な花戸嵐氏、人情味のある風間弁護士、クールな佐々木弁護士、凛としたなかにも人間的豊かさを持つ智田社長。その他、すべての登場人物に私自身の夢と理想が投影されています。

こうした登場人物たちの織り成すドラマを通じて、読者の方々に「取締役の実像」を楽しみながらご理解いただけたら、これほど嬉しいことはありません。

2022年3月

中島　茂

■著者略歴

中島　茂（なかじま　しげる）

弁護士・弁理士
弁護士・弁理士。東京大学法学部卒業。
1979年　弁護士登録（第二東京弁護士会所属）
1983年　中島経営法律事務所を設立し，1984年　弁理士登録
1996年　経団連「行動憲章」策定に関与
2002年　経団連「行動憲章」改訂に関与
2006年　投資信託協会「規律委員会」委員
2007年　経団連「行動憲章　実行の手引き」改訂に関与
2007年　財務会計基準機構評議員会　評議員
2019年　東京理科大学　上席特任教授

主な著書に，『戦略法務入門―企業の危機を乗り切るノウハウ』『ネットリスク対策　なるほどQ＆A』（以上中央経済社），『役員がつまずくあぶない株取引―インサイダー回避の10ヵ条』（商事法務研究会），『内部通報制度運用の手引き』（共著，商事法務），『コンプライアンスのすべて～取り組むことが求められるこれまでとこれからのテーマ～』（第一法規），『社長！それは「法律」問題です』『これって，違法ですか？』『Q＆A「新会社法」であなたの仕事はこう変わる』（以上共著，日本経済新聞社），『株主総会の進め方（第2版）』『その「記者会見」間違ってます！』『「不正」は急に止まれない！』『株主を大事にすると経営は良くなるは本当か？』『取締役の法律知識（第4版）』（以上日本経済新聞出版社）

2008年4月から2010年5月にかけて「リーガル映画館」を日本経済新聞に掲載

取締役物語〈第2版〉―― 花と嵐の一年

2012年7月1日　第1版第1刷発行
2018年8月10日　第1版第5刷発行
2022年5月20日　第2版第1刷発行
2024年7月25日　第2版第2刷発行

著者　中島　茂
発行者　山本　継
発行所　㈱中央経済社
発売元　㈱中央経済グループパブリッシング

〒101-0051　東京都千代田区神田神保町1-35
電話　03（3293）3371（編集代表）
03（3293）3381（営業代表）
https://www.chuokeizai.co.jp
印刷／昭和情報プロセス㈱
製本／誠　製　本　㈱

ISBN978-4-502-42601-8　C3032